Fobias

¿Quiere acabar con ellas?

Descubra cómo vencer su miedo

Aracnofobia
Zoofobia
Xenofobia
Agorafobia
Hidrofobia
Entomofobia

Síntomas * Causas * Tratamientos

Fobias

¿Quiere acabar con ellas?

Descubra cómo vencer su miedo

Aracnofobia
Zoofobia
Xenofobia
Agorafobia
Hidrofobia
Entomofobia

Síntomas * Causas * Tratamientos

Grupo Editorial Tomo, S. A. de C. V.
Nicolás San Juan 1043
03100 México, D. F.

1a. edición, noviembre 2003.

© *Understanding Phobias*
This edition published 2000 by Geddes & Grosset Ltd.
an imprint of Children's Leisure Products Limited
David Dale House, New Lanark, Scotland, ML11 9DJ

© 2003, Grupo Editorial Tomo, S.A. de C.V.
Nicolás San Juan 1043, Col. Del Valle. 03100, México, D.F.
Tels. 5575-6615 • 5575-8701 y 5575-0186
Fax. 5575-6695
http://www.grupotomo.com.mx
ISBN: 970-666-842-X
Miembro de la Cámara Nacional
de la Industria Editorial No. 2961

Traducción: Sorel Contreras
Diseño de portada: Trilce Romero
Supervisor de producción: Leonardo Figueroa

Derechos reservados conforme a la ley
Ninguna parte de esta publicación podrá ser reproducida o
transmitida en cualquier forma, o por cualquier medio electrónico
o mecánico, incluyendo fotocopiado, cassette, etc., sin autorización
por escrito del editor titular del Copyright.
Este libro se publicó conforme al contrato establecido entre
Geddes & Grosset Ltd. y *Grupo Editorial Tomo, S.A. de C.V.*

Impreso en México - *Printed in Mexico*

Índice

Capítulo 1. Fobias   13
Introducción y definición general   13
La situación actual   14
La fobia en el pasado   15
Avances recientes   16
Clasificación y diagnóstico de fobias   17

Capítulo 2. Agarafobia   19
Síntomas y criterios de definición   19
Ataques y trastornos de pánico   22
Desarrollo   24
Tratamientos   27

Capítulo 3. Fobia social   33
Síntomas y criterios de definición   33
Desarrollo   35
Tratamientos   40

Capítulo 4. Fobia específica   45
Síntomas y criterios de definición   45
Desarrollo   49
Tratamientos   50

Tratamiento 5. Trastornos de ansiedad — 51
Trastorno obsesivo-compulsivo — 51
Trastorno de estrés postraumático — 52
Trastorno de estrés agudo — 54
Trastorno de ansiedad generalizada — 54
Ansiedad por trastorno físico o inducida por sustancias — 55
Ansiedad por separación — 56

Capítulo 6. Lista de fobias — 57

Capítulo 7. Fobia específica, tipo animal — 125
Fobia específica — 125
Fobia específica, tipo animal — 125
Síntomas — 126
Desarrollo — 128

Capítulo 8. Fobia específica, tipo animal: fobia a las arañas — 131
Síntomas — 131
Desarrollo — 132
Tratamiento — 133

Capítulo 9. Tratamiento de sesión única de la fobia a las arañas — 137
Disipación de los miedos del fóbico — 139
Explicación de la exposición programada y objetivos del tratamiento para la persona fóbica — 140
Explicación de la estrategia del trabajo en equipo — 142

Capítulo 10. Fobia específica, tipo animal:
fobia a los perros — 145
Síntomas — 145
Desarrollo — 146
Tratamiento — 147

Capítulo 11. Fobia específica, tipo ambiental — 149
Síntomas — 149
Desarrollo — 150
Tratamiento — 152

Capítulo 12. Fobia específica,
tipo sangre-inyecciones-daño — 153
Síntomas — 153
Diagnóstico — 158
Desarrollo — 159
Tratamiento — 161

Capítulo 13. Fobia específica, tipo situacional:
claustrofobia — 165
Síntomas de fobia situacional — 165
Síntomas de claustrofobia — 166
Desarrollo — 173
Tratamiento — 174

Capítulo 14. Fobia específica, tipo situacional:
fobia a los aviones — 177
Síntomas — 177

Desarrollo 178
Tratamiento 179

**Capítulo 15. Fobia específica, tipo situacional:
fobia a los accidentes** 183
Síntomas 183
Desarrollo 184
Tratamiento 186

**Capítulo 16. Fobia específica, subgrupo otras fobias:
fobia al agua** 187
Síntomas en niños 188
Síntomas en adultos 189
Desarrollo 190
Tratamiento 192

**Capítulo 17. Fobias específicas, subgrupo otras fobias:
Acrofobia** 195
Síntomas 195
Desarrollo 196
Tratamiento 199

**Capítulo 18. Fobias específicas, subgrupo otras fobias:
fobia al atragantamiento** 201
Síntomas 201
Desarrollo 202
Tratamiento 204

**Capítulo 19. Fobias específicas, subgrupo fobias:
 fobia dental** 207
Síntomas 207
Desarrollo 210
Tratamiento 214

**Capítulo 20. Fobias específicas, subgrupo otras fobias:
 Taijin-kyofu-sho** 217

Capítulo 21. Desarrollo de fobias 219
Distribución no aleatoria de los temores fóbicos 220
Modelos y teorías evolutivos 220
Otros modelos y mecanismos inconscientes 227
Modelos cognitivos de desarrollo y preservación
 de fobias (de tipo consciente) 230
Modelos de fobias conscientes o inconscientes 232

Capítulo 22. Tratamiento de fobias 233
Terapias conductuales 233
Terapias cognitivas 238
Terapias cognitiva-conductual 239
Tratamiento farmacológico de fobias 240

Capítulo 23. Estrés 243
El estrés y la respuesta corporal 244
Respuesta de relajamiento 249

Capítulo 24. Terapias alternativas 253
Digitopuntura 254
Acupuntura 254
Aromaterapia 255
Terapia artística 256
Autoentrenamiento 257
Autosugestión 258
Remedios florales de bach 259
Terapia bioenergética 260
Cromoterapia (terapia de los colores) 261
Terapia del baile 263
Ejercicio 264
Medicina herbolaria 267
Homeopatía 269
Psicología y psicoterapia humanísticas 271
Hipnoterapia 272
Masaje 272
Meditación 274
Técnica metamórfica 277
Naturopatía 278
Psicosíntesis 280
Reflexología 281
Técnicas respiratorias 281
Terapia rogeriana 283
Terapia de visualización 283
Yoga 284

Capítulo 25. Psicoterapia — **287**
Introducción — 287
Programa de autoayuda para los fóbicos — 291

Capítulo 26. Historias clínicas — **295**
Fobia al atragantamiento — 295
Fobia a los aviones — 295
Fobia al agua — 296
Fobia a las tormentas — 297
Fobia a las muñecas — 297
Fobia a los globos — 297

Capítulo 27. Conclusión — **299**

Capítulo 1

Capítulo 1

Fobias

Introducción y definición general

Una fobia es un trastorno de ansiedad caracterizado por un miedo incontrolable o pavor a ciertos objetos, animales, actividades o situaciones. Así, una fobia puede causar severos problemas y limitaciones en las actividades cotidianas de una persona fóbica y, en el peor de los casos, un gran sufrimiento. La palabra fobia se deriva del griego *phobos*, que significa miedo extremo y huida. Se creía que el antiguo dios griego, Fobo, era capaz de despertar tal sentimiento de terror en los enemigos de los griegos, que hacía que la victoria de las batallas fuera más fácil.

Es precisamente este tipo de miedo paralizante el que se apodera de la persona fóbica cuando ésta se enfrenta al estímulo de la fobia y, algunas veces, el sólo hecho de anticiparse a la situación o imaginársela es suficiente como para provocar una reacción. El miedo alcanza tal magnitud que produce una serie de síntomas físicos, entre los que comúnmente se pueden encontrar: sudoración, temblor, sensaciones de desmayo, mareos, náuseas, palpitaciones, hiperventilación y ataques de pánico (ver p. 22). No obstante, existen algunas diferencias aparentes entre las diversas clases de fobias, en especial en cuanto a su desarrollo. De ello se habla con mayor detalle en el Capítulo 21.

Una persona fóbica reconoce que su temor es irracional y no corresponde al grado de la posible amenaza representada por un estímulo y en éste puede radicar la causa de un sentimiento de vergüenza extrema. Una persona puede llegar a hacer hasta lo imposible para ocultar la existencia de su fobia y es probable que, en muchos casos, siga sin aceptar que padece un trastorno. Esto suele suceder, en especial, cuando percibimos que los demás piensan que cualquier forma de trastorno mental es algo vergonzoso, incluso en una sociedad tan moderna como la de la Gran Bretaña.

La situación actual

Las encuestas recientes han revelado que las fobias, particularmente las específicas, son el trastorno mental que se diagnostica con mayor frecuencia en la medicina psiquiátrica de Occidente. Los estudios indican que entre el diez y el treinta por ciento de la población puede llegar a tener afecciones por lo menos una vez sin que se diagnostique, lo que hace que en la realidad la cifra sea mayor. Tanto niños como adultos de ambos sexos pueden tener afecciones y un niño que no lleve un tratamiento puede seguir presentando o no la fobia en su vida adulta. Algunas personas tienen una sola fobia, mientras que otras son fóbicas como respuesta a varios o muchos estímulos. Algunas veces, la edad y el género son factores determinantes para provocar ciertas fobias que son más comunes en una edad y sexo determinados.

La fobia ocurre en el extremo de una escala móvil que pasa a través de un miedo irracional pero no atroz, hasta la aversión y una fuerte sensación de desagrado. Si estas reacciones se tomaran en cuenta, la mayoría de la gente probablemente aceptaría que, en cierta medida, ha experimentado síntomas fóbicos, incluso en una sola ocasión. De hecho, las encuestas han mostrado que el sesenta por ciento de la gente ha padecido alguna fobia en determinada etapa de su vida, y casi todas las personas que respondieron las encuestas conocen por lo menos a alguien que ha mostrado síntomas fóbicos.

La fobia en el pasado

Al parecer, las fobias están presentes en todas las razas y culturas, aunque pueden existir algunas diferencias en la incidencia de ciertos tipos de fobias. Se ha hecho referencia a éstas en los primeros escritos históricos, particularmente en los de los griegos y romanos. En los escritos europeos posteriores, por la época de la Edad Media, también se hace alusión a las fobias, las cuales eran consideradas con frecuencia como producto de actividades demoniacas. A pesar de que siempre se han presentado algunas fobias

—por ejemplo, las fobias a los animales o a las alturas—, otras alguna vez fueron más comunes, en especial las que se refieren a enfermedades específicas tales como la plaga, la sífilis y la rabia. En el pasado, estas enfermedades fueron una de las causas principales de muerte, por lo que no era sorprendente que la gente les tuviera miedo.

En los siglos XVIII y XIX, se volvió a considerar que los trastornos mentales pertenecían al campo de la medicina y la ciencia, y se hicieron intentos para estudiar y explicar la naturaleza y el desarrollo de las fobias, y así poder tratarlas. Para ese entonces, surgieron muchas ideas erróneas; no obstante, el continuo estudio a fondo sobre las fobias a lo largo del siglo XX, sobre todo en años recientes, ha emanado una nueva luz sobre estos fascinantes y frecuentes trastornos y ha dado como resultado un tratamiento exitoso para muchos fóbicos.

Avances recientes

Los años de investigación y estudio sobre las fobias han dado como fruto nuevos y diversos enfoques. Por consenso, se ha acordado lo siguiente:

- Existen criterios de diagnóstico que dividen las fobias en tres categorías clínicas.

- Las diversas categorías de fobias, incluyendo las individuales, tienen cada una diferentes causas y motivos (etiología o mecanismos etiológicos) de su desarrollo.

- Los factores cognitivos influyen, en cierta medida, en el desarrollo y curso de las fobias. Esto significa que las fobias no son cien por ciento inconscientes sino que, en algunos casos y en cierto grado, son alimentadas por las percepciones y creencias de la persona acerca del medio que la rodea y del estímulo fóbico. El reconocimiento de la interacción de diferentes mecanismos y factores cognitivos en el desarrollo de las fobias ha puesto en tela de juicio las teorías anteriores y más simplistas en cuanto a sus orígenes.

- El estudio y la comprensión más profundos de las fobias ha llevado a la creación de programas de tratamiento específico más útiles, que puedan adaptarse a las necesidades de cada fóbico, y han dado muestra de tener mayor éxito.

Clasificación y diagnóstico de fobias

La psiquiatría moderna contempla tres grupos principales de fobias:

1. Agorafobia
2. Fobia social
3. Fobia específica (o fobia simple), la cual se divide en cinco subgrupos.

El término *específico* remplazó al anteriormente empleado *fobia simple*, que dejó de utilizarse porque daba la impresión de que la condición no era grave o de que no había motivo para angustiarse.

En las siguientes páginas, las dos primeras categorías se describen detalladamente junto con los aspectos de su tratamiento; enseguida, se presenta una evaluación general del tercer grupo —el más grande— de fobias específicas. De la página 125 a la 218, se describen con mayor detalle los subgrupos, y se proporcionan ejemplos selectos de las fobias específicas. En el capítulo 22, dedicado a los tratamientos, se hace un intento por definir y describir los enfoques psicoterapéuticos y tratamientos medicamentosos con relación a las fobias. El Capítulo 24 trata las terapias alternativas que pueden resultar útiles.

Capítulo 2

Agorafobia

Síntomas y criterios de definición

Agorafobia significa, literalmente, miedo (*phobus*) del mercado (*agora*). En un sentido más práctico, el agorafóbico tiene miedo de estar en lugares abiertos, públicos o atestados de gente, en especial si no hay una ruta de escape que se pueda encontrar con facilidad. Además, muchos agorafóbicos temen paralizarse física y/o mentalmente ante el temor o pánico de estas circunstancias, particularmente que puedan perder el control o quedar indefensos en presencia de extraños.

La naturaleza exacta de la situación temida varía de un individuo a otro: algunos agorafóbicos tienen más miedo cuando se encuentran en lugares abiertos donde hay menos gente, mientras que otros pueden sobrellevar la situación si el lugar es oscuro o si están acompañados de una persona confiable. Asimismo, la condición varía en que muchos agorafóbicos, aunque no todos, experimentan ataques de pánico o síntomas parecidos a éste.

No obstante, en todos los casos salvo los más leves, la agorafobia interfiere de manera significante con la vida cotidiana, ya que la persona, por lo general, evade situaciones temidas. Así, el ir de compras, viajar en transporte público, ir al cine, a un partido de futbol, o incluso a cualquier lugar público, incluyendo ir a consulta con el médico, a la escuela de los niños o al banco, resultan imposible para el agorafóbico. En los casos más severos, la necesidad de evitar una situación así es tal, que el individuo se encierra entre cuatro paredes.

La agorafobia es un trastorno relativamente común que afecta alrededor del cuatro por ciento de las mujeres y dos por ciento de los hombres durante un periodo de seis meses. La primera aparición de este trastorno suele presentarse durante los primeros años después de los veinte años pero no es común después de los cuarenta.

Muchos expertos concuerdan en que existen dos formas de este trastorno: la agorafobia sin antecedente de ataques de pánico y la agorafobia con ataques de pánico (o trastorno de pánico). En la práctica psiquiátrica estadounidense, la segunda forma se conoce como *trastorno de pánico con agorafobia*.

Los síntomas y criterios que ayudan a detectar agorafobia se pueden resumir de la siguiente manera:

- Ansiedad aguda ante la sensación o el hecho factible de encontrarse en un lugar, ya sea público o no, o en una situación de la cual no existe una forma fácil de escape. En estas circunstancias, la persona puede experimentar sentimientos de ansiedad en mayor o menor grado.

- El agorafóbico evita estos lugares y situaciones o sólo las enfrenta con gran dificultad, o bien, con la ayuda de una persona de confianza.
- Ninguno de los dos puntos anteriores se puede explicar con algún otro trastorno mental, enfermedad física o los efectos del alcohol o cualquier tipo de estupefaciente.

Los síntomas y criterios que pueden llevar a un médico a diagnosticar agorafobia con ataques de pánico son los mismos que los antes mencionados aunados a:

- La experiencia de uno o más ataques de pánico en situaciones agorafóbicas y el miedo persistente de que éstos puedan repetirse.
- La ansiedad ante posibles consecuencias de los ataques de pánico, tales como síntomas físicos visibles o pérdida de control físico y mental del cuerpo.
- Los cambios de conducta como resultado de los ataques de pánico.

Los estudios han mostrado que la agorafobia sin ataques de pánico predomina mucho más de lo que antes se creía y es mucho más común que la agorafobia con dichos ataques. Algunos investigadores piensan que la realidad no ha salido a la luz, pues es mucho más factible que los agorafóbicos con síntomas de pánico busquen ayuda y sean remitidos con un especialista. Es mucho más probable que los agorafóbicos "comunes" sigan sin que se les diagnostique dicho trastorno.

Sin embargo, debido a que los ataques de pánico o el trastorno de pánico crónico se asocian frecuentemente con la agorafobia, resulta útil definirlos en este momento.

Ataques y trastornos de pánico

Ataques de pánico (o de ansiedad)

Un ataque de pánico incluye la aparición repentina de cuatro o más de los siguientes síntomas físicos o mentales, los cuales son manifestaciones de ansiedad extrema:

1. Palpitaciones rápidas o pulsaciones aceleradas.
2. Sensación de ahogo o falta de aire.
3. Opresión o dolor en el pecho.
4. Temblor o sacudidas.
5. Sensación de frío o calor o alternaciones entre las dos.
6. Escalofríos o sudoración; palidez.
7. Sensación de ahogo en la garganta.

8. Mareo, sensaciones de desmayo o mareos leves.
9. Nausea o síntomas gastrointestinales.
10. Hormigueo en las extremidades o sensación de entumecimiento.
11. Miedo a una inminente pérdida de control corporal (por ejemplo, de la vejiga y del intestino).
12. Miedo a que el colapso mental y la pérdida de control mental o la "locura" sean inminentes.
13. Sensación de despersonalización, irrealidad y miedo a la muerte.

Los síntomas alcanzan con rapidez el pico de intensidad dentro de los primeros diez minutos después de la primera aparición y en seguida desaparecen igual de rápido. Aunque un ataque de pánico puede ser sumamente angustiante, no representa ninguna amenaza física a pesar de que el individuo así lo piense. Los ataques de pánico son muy comunes en aproximadamente una tercera parte de la población que los padece cada año.

Trastorno de pánico (o de ansiedad)

El trastorno de pánico se caracteriza por los ataques de pánico que, por lo menos en un principio, aparecen repentinamente y no están asociados con ninguna situación o estímulo en particular. El principal trauma del trastorno consiste en una ansiedad anticipada al saber que se presentarán ataques espontáneos posteriores. En muchos casos, aunque no en todos, el individuo huye del lugar o de la situación en donde ocurrió el ataque de pánico, aspecto que tiene una marcada correlación con la agorafobia.

Además, es común que los afectados piensen que el ataque de pánico sea síntoma de un gran trastorno físico, tal como un tumor cerebral o una enfermedad cardiaca, y puedan requerir asistencia médica fundamentando que éste sea el problema. Es poco probable que en estas circunstancias se les diagnostique un trastorno de pánico, aunque éste pueda aparecer más tarde. El trastorno en sí es poco común y afecta a menos del uno por ciento de la población durante un periodo de seis meses.

Desarrollo

Los mecanismos responsables del desarrollo de la agorafobia son extremadamente complejos y siguen siendo tema de gran discusión. Desde finales del siglo XIX, muchos investigadores han propuesto innumerables teorías y modelos dirigidos a la explicación de la naturaleza del trastorno. Algunas de estas teorías no han tenido gran aceptación, mientras que otras han contribuido para dilucidar esta compleja condición. No sólo existe interés en tratar de entender los mecanismos subyacentes en sí, sino en crear programas de tratamiento eficaz para agorafóbicos. Los siguientes ocho factores parecen ser relevantes en la agorafobia:

1. Los factores cognitivos, es decir, las creencias, desempeñan una función importante en la agorafobia. El miedo que se padece está muy relacionado con la creencia (errónea) de que la persona no puede escapar de la situación o puede hacerlo sólo si se comporta de cierta manera para llamar la atención. Esta conducta se percibe, en el mejor de los casos, como una acción penosa y, en el peor de ellos, como un colapso físico y mental con espantosas consecuencias personales. El miedo, y por lo tanto el patrón que siguen los agorafóbicos para evitar determinadas situaciones, se desarrolla ya sea como el resultado de experiencias reales o debido a la fuerte creencia de que ocurrirán sucesos espantosos.

2. Los síntomas de pánico son uno de los factores más comunes asociados con la agorafobia, por lo que una persona puede desarrollar la condición después de un ataque de pánico. No obstante, otras condiciones también pueden llevar al desarrollo de una especie de agorafobia; por ejemplo, la epilepsia y el miedo a que le dé un ataque en un lugar público; la osteoporosis y el miedo a caerse y fracturarse si se encuentra fuera de casa; la incontinencia y el Síndrome del Intestino Irritado y el miedo a "que le gane" sin poder ir al baño cuando no está en casa. La diferencia radica en que el miedo extremo no es, por lo general, un factor en estas circunstancias. Asimismo, los síntomas de pánico pueden presentarse o no por primera vez después del desarrollo

de la agorafobia. Así, es más útil si se considera esta fobia como una forma motivada para evitar ciertas situaciones, siendo el pánico uno de los principales factores vinculados.

3. Existen pruebas de que, por lo menos en algunos casos, los agorafóbicos son menos asertivos y autosuficientes que otras personas.

4. En ciertos casos, los agorafóbicos pueden tener antecedentes de fobia escolar durante su infancia, o provenir de una familia cuyos parientes han experimentado fobia escolar o agorafobia.

5. Las personas con agorafobia pueden tener una mayor tendencia a deprimirse.

6. Los agorafóbicos con ataques de pánico tienen más miedo a marearse y a creer que se van a desmayar o a perder el control de otra manera, comparado con los que padecen trastornos de pánico quienes notablemente no evitan situaciones que puedan despertarles miedo. Este tipo de agorafóbicos casi no confían en su habilidad para sobrellevar el pánico; por otra parte, creen firmemente en las consecuencias catastróficas que éste podría causar.

7. Muchos agorafóbicos crean mecanismos de defensa que los ayuden a atacar el trastorno, como recargarse contra la pared o asirse con fuerza al carrito del supermercado para así creer que al hacer esto podrán evitar desmayarse o colapsarse físicamente.

8. En la agorafobia, los tres factores que interactúan conjuntamente cuando se presentan los síntomas de miedo y pánico son: evitar ciertas situaciones, crear mecanismos de defensa y desarrollar creencias (factores cognitivos).

Tratamientos

Terapia conductual

Los típicos tratamientos psicoterapéuticos contra la agorafobia han empleado una forma de terapia conductual llamada terapia de exposición (ver p. 232). Con apoyo, se expone y alienta al agorafóbico, gradualmente y cada vez más, para que confronte la situación temida hasta habituarse.

La idea es que la ansiedad de la persona disminuya hasta que no muestre las consecuencias aterradoras que ella espera cuando esté expuesta a la situación temida, permitiendo que se dé el cambio conductual. Este tipo de terapia también puede incluir la llamada inundación (*flooding*), en la cual se expone de manera intensiva a la persona ante la situación temida. Se pueden emplear métodos para controlar ataques de pánico, tales como utilizar técnicas de respiración o de relajamiento como parte del tratamiento (ver Capítulo 24).

Terapia cognitiva

Los terapeutas cognitivos empiezan desde un ángulo un tanto diferente: parten de la idea de que la ansiedad extrema en la agorafobia es un resultado directo de su percepción tergiversada de la amenaza y el peligro de la situación temida y, especialmente, de que al dejarle el campo libre se posesionará y será desastroso. Por lo general, la persona sobreestima la amenaza y subestima su habilidad para sobrellevar el trastorno. Así pues, se lleva a cabo una interacción entre las creencias, los síntomas de ansiedad o pánico y las conductas seguras, como los mecanismos de defensa que ayudan a que la presencia de la agorafobia permanezca.

Por consiguiente, un terapeuta cognitivo busca identificar y cambiar las creencias falsas, así como los mecanismos de defensa mediante análisis y experimentos conductuales. Por ejemplo, a un agorafóbico que cree que desmayarse en un lugar público tiene consecuencias atroces le pueden pedir que observe un desmayo ficticio simulado por un ayudante. Las sensaciones de mareo y de desmayo son un síntoma común de fobia, mas un desmayo real está limitado casi en su totalidad a la fobia de tipo sangre-inyecciones-daño (ver Capítulo 12). Cuando la persona observa que las consecuencias catastróficas temidas no se concretan, se da pauta para enfrentar y eliminar sus creencias erróneas.

Del mismo modo, la terapia cognitiva busca enfrentar los mecanismos de defensa más empleados por los agorafóbicos. Por ejemplo, a aquella persona que cree que se le van a doblar las piernas si no se recarga contra la pared o se agarra del carrito del supermercado, se le ayuda a darse cuenta de que es muy difícil que se concrete un colapso bajo estas circunstancias. Siguiendo un minucioso análisis, el paciente y el terapeuta simulan una situación agorafóbica con el simple propósito de realizar un experimento de temblor en las piernas; sin embargo, no se le permite al paciente que se valga de ningún punto de apoyo, y en cuanto empieza a sentir sensaciones de debilitamiento en las piernas, se le indica que trate y haga que sus piernas se le doblen. Cuando el colapso no se concreta, el análisis posterior puede dar pie a verificar si hay algo más que el paciente pueda hacer para que las piernas se le doblen. Se repite el procedimiento con las posibles causas que pudieran provocar un colapso en el paciente y se obtiene el mismo resultado, así que al final de los experimentos, el paciente empieza a darse cuenta de que no hay posibilidad alguna de que las piernas no le respondan, y de que todo el tiempo ha estado malinterpretando las sensaciones físicas. Es por ello que algunos terapeutas consideran que experimentos como éstos son de gran ayuda.

Diferencias entre las terapias conductual y cognitiva

Tal vez, las diferencias entre estos dos enfoques se podrían entender mejor si se ejemplifican. Por una parte, la terapia conductual puede ayudar a un agorafóbico a acostumbrarse a la situación temida mediante repetidas exposiciones. No obstante, también es posible prever que el agorafóbico pudiera estar empleando a escondidas mecanismos de defensa en los cuales confía. De hecho, su creencia podría radicar en la eficacia de este reforzamiento al exponerse solo a situaciones temidas; además, podría estar creyendo que puede confrontar situaciones agorafóbicas con mayor éxito, pues su mecanismo de defensa está funcionando correctamente.

Por otra parte, si al agorafóbico se le han enseñado las medidas para controlar el pánico como parte de la terapia conductual, consecuentemente el paciente podría ser capaz de enfrentar una situación agorafóbica por el simple hecho de que ahora cree que puede evitar la catástrofe al emplear dichas medidas. Por ende, es posible que el agorafóbico no llegue a darse cuenta de que los síntomas de pánico son inofensivos, pues esta creencia no se puede cambiar mediante puro control: su agorafobia se ha controlado más que modificado, y el control del pánico se ha convertido en un mecanismo de defensa por derecho propio.

En la terapia cognitiva, el control del pánico quizá podría ser visto como una de las muchas medidas útiles enfocadas a cambiar la creencia de un agorafóbico, en cuanto a lo perjudicial de los síntomas de pánico. En la práctica, en los experimentos de la terapia cognitiva, como los arriba mencionados, se tiene que incorporar la exposición, la cual es un elemento clave para la terapia conductual.

Existe, de hecho, un alto grado de traslape entre los dos enfoques: se ha demostrado que el enfoque conductual a la agorafobia, basado en la terapia de exposición, es eficaz en la mayoría de los casos y se ha revelado que ha traído consigo cambios cognitivos. Muchos especialistas consideran que no se ha determinado la eficacia de tratamientos meramente cognitivos o que es menos eficaz que la terapia conductual. Suele tenerse la misma opinión en cuanto a la combinación de terapias que se ha realizado. Sin embargo, se ha comprobado que ambos enfoques, tanto conductual como cognitivo, son valiosos en el tratamiento del trastorno de pánico.

El hecho de que la terapia de exposición conductual ha ayudado a un alto porcentaje de agorafóbicos es especialmente alentador cuando se considera que por lo general sólo los pacientes más afectados buscan tratamiento. Como ya se mencionó, se piensa que muchos agorafóbicos (sin duda alguna, también se incluye a aquellos que se consideran estar menos afectados) permanecen como incógnitos y nunca buscan ayuda profesional. De este modo, parte del objetivo de un libro como éste debería ser acentuar la importancia y la eficacia del tratamiento, comparado con el sufrimiento de angustia de la agorafobia.

Terapia farmacológica

De vez en cuando, algunos fármacos, tales como los antidepresivos o las benzodiazepinas,[1] se prescriben para ayudar a aliviar los síntomas de pánico y/o depresión aguda, si es

---

[1] Fármacos que se emplean para lograr el alivio sintomático de la ansiedad y de los estados de tensión resultantes de un ambiente de estrés o de factores emocionales. Asimismo, son útiles en estados psiconeuróticos caracterizados por tensión, ansiedad, aprensión, fatiga, síntomas de depresión o agitación. (N. del T.)

el caso. No obstante, sólo se prescriben bajo estricto control médico y, generalmente, durante un periodo corto para aliviar el malestar; en el caso de las benzodiazepinas, es probable que se tengan que suspender antes de que se empiece con un programa de terapia conductual. Esto se debe a que esta clase de fármacos podría interferir con el tratamiento, así como causar síntomas de dependencia y síndrome de abstinencia. Por ello, es preferible emplear antidepresivos, ya que éstos no provocan dependencia; sin embargo, pueden producir efectos secundarios no deseados que pueden provocar rechazo en los pacientes. La mayoría de los especialistas consideran a la terapia de exposición conductual, posiblemente combinada con medidas de control de pánico, como la mejor opción para iniciar el tratamiento.

Capítulo 3

Fobia social

Síntomas y criterios de definición

Las fobias sociales conforman un grupo de trastornos de ansiedad comunes que afecta más o menos al mismo porcentaje de hombres y mujeres. La fobia social aparece, por lo general, entre los quince y los veinte años de edad. Puede definirse como una ansiedad aguda e irracional clínica provocada por la exposición a ciertas situaciones y/o funciones sociales (por ejemplo, cuando la persona tiene que desempeñar una función enfrente de otros individuos). Con frecuencia, la ansiedad ocasiona que se eviten situaciones sociales, lo que trae como consecuencia soledad, aislamiento y sufrimiento, en especial porque la persona en repetidas ocasiones está consciente de su pérdida y anhela tener un contacto social normal.

Una característica clave de la fobia social es el miedo de la persona a pasar vergüenzas y a sentirse humillado si su comportamiento no cumple con su propio estándar preconcebido. Las más de las veces, el fóbico social teme que su comportamiento sea inadecuado o excesivo, o que los demás lo critiquen: casi siempre teme que su ansiedad resalte a la vista al sonrojarse, con el temblor (particularmente de las manos), al temblarle la voz o tartamudear, sin la capacidad de mirar a los ojos a las personas, con la sensación de náusea, vómito y la necesidad imperiosa de orinar.

En la psiquiatría europea, se emplean los siguientes criterios para diagnosticar fobia social:

- los síntomas físicos y mentales deben estar relacionados con la ansiedad, más que con efectos secundarios de alguna otra condición, como lo es el trastorno obsesivo-compulsivo o el trastorno de estrés postraumático;
- la ansiedad debe presentarse en situaciones sociales;
- una característica primordial debería ser el evitar sensaciones de fobia.

Fobia social específica y general

Se reconocen dos subgrupos de fobia social: la específica y la general. En la fobia social específica, la ansiedad se centra en situaciones particulares como lo son: dar un discurso, cantar como solista o acompañado, acudir a una entrevista, comer en un restaurante, e incluso, firmar o escribir su nombre enfrente de otras personas, y hasta usar un baño público. Por otra parte, la fobia social general abarca un rango mucho mayor de situaciones pero, en ambos subgrupos, la persona normalmente se siente más cómoda cuando realiza las mismas actividades en casa o rodeada de familiares y amigos cercanos.

Trastorno de la personalidad evasiva

Otra forma de fobia social, y la más aguda, es conocida como trastorno de la personalidad evasiva. Las personas que padecen este trastorno, experimentan los índices más altos de angustia y evasión de situaciones sociales; los especialistas consideran que éstos son los casos más delicados.

Al parecer, existe una mayor incidencia de trastorno de la personalidad evasiva en hombres que en mujeres; por otra parte, la fobia social general es más aguda que la específica. Es muy común que la persona afectada crea que los síntomas físicos de ansiedad son el problema principal, más que la fobia en sí.

Desarrollo

Es probable que todos, menos las personas que son muy seguras de ellas mismas, hayan sentido cierto grado de ansiedad social o nervios en un momento u otro durante aquella ocasión especial cuando fueron el centro de atención. Muchos lectores recordarán el temblor de la hoja de anotaciones y la voz nerviosa del valiente que está dando una conferencia y no está acostumbrado a hablar en público.

Sin embargo, muchos podrían lidiar con dicha situación, incluso si no la están disfrutando, para así ser capaces de creer que están captando la simpatía e interés del público. En una fiesta, un individuo puede sentirse incómodo o tender a compararse desfavorablemente con otros invitados quienes, a su parecer, son más atractivos o encantadores que él. No obstante, dichos sentimientos negativos por lo general no impedirían que asistiera a la fiesta ni que la disfrutara: la diferencia en la fobia social es que se presenta a tal extremo que rebasa los límites de una ansiedad social razonable. Ya sea que un fóbico social evada ciertas situaciones como las que se acaban de mencionar o que las sobrelleve con gran dificultad, junto con sentimientos y síntomas muy desagradables de angustia.

Es común que los fóbicos sociales tengan una baja autoestima, pues asumen que los demás los evalúan negativamente y los juzgan en un contexto social, lo cual los atemoriza. Pueden tener un estándar crítico de conducta que hayan establecido para ellos mismos; en la situación fóbica, se dedican a automonitorearse para estar al pendiente de indicios que les indiquen que están rebasando el ideal. Si el fóbico social falla ante su propia valoración para alcanzar su estándar crítico, esto podría resultar en la pérdida de su ya de por sí escasa autoestima.

Asimismo, los fóbicos sociales pueden estar al pendiente de señales que les indiquen que otras personas los están juzgando mal. De hecho, pueden ser hipersensibles ante señales o comentarios innocuos por parte de otras personas, lo cual provoca que los malinterpreten como críticas.

Cuando el fóbico social enfrenta la situación temida, ya se encuentra en un estado de angustia, y bien puede hallarse en un estado fisiológico agudo (por ejemplo, ritmo cardiaco rápido, transpiración, etcétera). Se piensa que estos síntomas físicos refuerzan el proceso de automonitoreo, en el sentido de que la persona cree que son una inminente señal de fracaso social, y de que los demás se percatan con facilidad de la presencia de los fóbicos. Así, la persona se vuelve aún más vigilada por sí misma, lo que puede provocar el aumento de los síntomas físicos de ansiedad. Todo esto, aunado a su falta de valor como persona y las bajas expectativas que tiene de sí misma, da como resultado una mínima probabilidad de alcanzar el éxito socialmente hablando.

Es cierto que otras personas pueden notar la ansiedad de los fóbicos sociales; sin embargo, cierto número de estudios experimentales ha demostrado que un observador imparcial invariablemente considera que el desempeño de un fóbico social fue mucho mejor de lo que éste creía. Otros estudios han probado que el fóbico social casi siempre relaciona una evaluación autocrítica con circunstancias que son neutrales o ambiguas. Por citar un ejemplo, si un grupo de amigos que fue invitado a una reunión se disculpa y se retira temprano, el fóbico social está mucho más propenso a pensar que eso se debe a su descontento con el fóbico social más que a cualquier otra explicación. Además, incluso si el fóbico social recibe comentarios claramente positivos y alentadores de otras personas, seguido los atribuye a factores externos que no están relacionados con su persona, como el ambiente de felicidad y gozo que se percibe en una fiesta.

Aunque el enfoque del comportamiento interno que cada fóbico social percibe de sí mismo en relación con los ejemplos antes mencionados es un factor importante en la mayoría de los trastornos emocionales, incluyendo algunas otras fobias, se ha propuesto que esto es un punto particularmente crítico en la fobia social.

Asimismo, diversos expertos han considerado como fundamentales otros factores cognitivos que contribuyen a que la fobia social siga presente, como son la ansiedad anticipada del fóbico ante un suceso social inminente, el análisis posterior de dicho suceso, la posible aplicación de los mecanismos de defensa durante el suceso o la completa evasión de la situación. El anticiparse al suceso acelera el comienzo de la sensación de ansiedad y los pensamientos negativos sobre su persona que muchos fóbicos sociales reportan. Esto incluye un análisis mental de lo que es probable que suceda de forma negativa y la creación de mecanismos de defensa que se pudieran emplear. Los recuerdos de sucesos del pasado considerados como atroces pueden influir en los pensamientos actuales. La anticipación al suceso puede concretar la evasión pero, de no ser así, tiene el efecto de asegurar que la persona enfrente la situación con una ansiedad o un modo de automonitorearse extremos.

Los problemas del fóbico social no necesariamente se terminan cuando éste ha resistido el suceso. En muchos casos, el individuo examina a detalle cada aspecto del suceso, concentrándose en sí mismo y en su comportamiento, y siempre los evalúa en forma negativa, lo cual provoca más angustia y alimenta la fobia para futuras ocasiones.

Al igual que en la agorafobia, el empleo de mecanismos de defensa para evitar lo temido (aparentes consecuencias catastróficas de fracaso) es una característica común de fobia social.

Mecanismos de defensa

Los mecanismos de defensa se presentan de diferentes formas, pero con frecuencia se concentran en medidas para disimular las manifestaciones de ansiedad. Entre algunos ejemplos se incluye ponerse rígido o utilizar un objeto como soporte —una pared— para ocultar su temblor, no ingerir líquidos excepto cuando no lo ven, impedir que la gente se dé cuenta del temblor de sus manos (y la posibilidad de derramar líquidos como consecuencia), así como utilizar varias prendas de vestir claras para ocultar el sudor. Además, la persona puede ensayar mentalmente lo que va a decir, concentrándose en la claridad con la que va a hablar y en hacer oraciones correctas, quizá tratando de apegarse a patrones preconcebidos de conversación.

En realidad, los mecanismos de defensa sirven, por lo general, para exacerbar los síntomas que el fóbico social se desvive por ocultar: el tomar una posición rígida provoca que los movimientos sean menos coordinados y notablemente más raros; usar muchas prendas de vestir incrementa el sudor, y es más probable que la conversación planeada suene extraña, poco natural y distante. Por lo tanto, en estas circunstancias es más factible que se obtenga el resultado temido del comportamiento que, de cierta manera, es notorio para los demás y puede provocar una reacción adversa. Además, el empleo de mecanismos de defensa tiene el efecto de aumentar y mantener la atención de la persona en sí misma; es menos probable que detecte señales sociales favorables que las demás personas proyectan, pues el fóbico tiene puesta toda su concentración en mantener su escudo de defensa y no está en sintonía con los demás.

Por último, como se ha sugerido en la agorafobia, el fóbico social puede llegar a creer que el empleo exitoso de los mecanismos de defensa lo salva de la catástrofe. Asimismo, puede estar convencido de que ha sobrevivido en un escenario fóbico tan sólo porque el mecanismo de defensa funcionó y lo salvó de la vergüenza, la humillación, y de que los demás lo notaran. Si éste es el caso, entonces, los mecanismos de defensa son evidentemente perjudiciales y sólo sirven para asegurar la presencia de la fobia. La evasión es, por supuesto, la forma más extrema de mecanismo de defensa. La persona evita la ansiedad antes, durante y después de los sucesos sociales pero al hacerlo mantiene, sin poder evitarlo, el miedo y la fobia. Al igual que en otros tipos de fobia, la evasión sólo asegura que el miedo y la catástrofe siempre estén presentes.

Tratamientos

Terapias conductual y cognitiva

En el pasado, los tratamientos clásicos contra la fobia social abarcaban la psicoterapia y la medicación. En específico, el tipo de psicoterapia empleado era la forma de terapia conductual llamada terapia de exposición, en la cual se expone de diferentes formas al fóbico social a la situación fóbica. Con frecuencia, esto se combinaba con la capacitación de desenvolvimiento social, partiendo del supuesto de que parte del problema se debía a que la persona fóbica tenía carencias en esta área. Se comprobó que la exposición, así como la capacitación de desenvolvimiento social eran eficaces para ayudar a algunos fóbicos, mas no a todos, pero no eran del todo mejores que ningún tratamiento.

No obstante, en la práctica moderna de tratamientos, se hace muy poco énfasis en la capacitación de desenvolvimiento social, a pesar de que todavía puede incluirse como parte del programa de la terapia. Esto se debe al hecho de que en la actualidad la falta de desenvolvimiento social casi nunca se considera como el problema principal en la fobia social. La terapia de exposición sigue siendo una importante herramienta para el tratamiento, aunque algunos terapeutas crean que su eficacia es limitada, puesto que dicha terapia no provoca cambio alguno (cognitivo) en la creencia.

En años recientes, se han empleado varias formas de terapia cognitiva para el tratamiento de la fobia social, las cuales suelen incluir aspectos de terapia racional-emotiva y tratamiento autodidacta. Otros terapeutas se han valido de la combinación de tratamientos conductual-cognitivos, tal vez mezclando la exposición, el control de ansiedad y cambios de falsas creencias y suposiciones que entran en juego en la fobia social. Algunos terapeutas pueden recomendar tipos particulares de tratamientos o la combinación de éstos, y otros pueden relacionar a cada paciente con la forma que ellos sientan que será la más benéfica para el fóbico.

En un intento por determinar si un tipo particular de terapia o la combinación de diferentes terapias es más efectivo en el tratamiento de fobia social, se ha realizado un número considerable de estudios. Muchos investigadores han diferido en los resultados, así que la respuesta sigue incógnita, por lo que todavía hay muchos estudios por realizar.

En la actualidad, ninguna de las terapias empleadas se considera más eficaz que otras; sin embargo, seguir cualquiera de estos tratamientos es mejor que permanecer sobrellevando la fobia sin atención médica.

Terapia farmacológica

En el tratamiento contra la fobia social, se han empleado varios fármacos que se han comprobado ser útiles en algunos casos. Entre dichos fármacos, se incluyen los inhibidores de la monoaminaoxidasa,[2] en especial la fenelzina (sulfato), la cual actúa contra la depresión y la ansiedad, así como inhibidores selectivos de recaptura de la serotonina[3] (ISRSs), como la sertralina.[4] Asimismo, las benzodiazepinas más

---

[2] Los inhibidores de la monoaminooxidasa (IMAOs) fueron los primeros fármacos clínicamente efectivos para el tratamiento de la depresión. (N. del T.)
[3] Antidepresivos. (N. del T.)
[4] Antidepresivo. (N. del T.)

recientes como el clonazepan han demostrado que son benéficas para algunos pacientes; además, se han empleado la buspirona (hidroclórido), que es un tranquilizante y ansiolítico, así como la fluoxetina.[5] Un último grupo de fármacos que se ha probado son los betabloqueadores, los cuales actúan en el sistema nervioso simpático y se utilizan principalmente en el tratamiento de presión arterial alta, pero al parecer en algunos casos también tienen efectos antiansiedad.

Los médicos han confirmado resultados favorables en algunos pacientes con fobia social, aunque no en todos. En general, parece que se puede ayudar a algunos pacientes mediante tratamiento farmacológico, al menos durante un plazo corto; sin embargo, existen dudas en cuanto a los beneficios que pudiera haber a largo plazo. Algunos terapeutas han combinado tratamientos farmacológicos con psicoterapia (exposición), pero han obtenido resultados diversos. Aún no se sabe a ciencia cierta si el uso de fármacos interfiere con la psicoterapia, o contribuye con ésta para seguirla considerando como la mejor opción.

---

[5]Antidepresivo. (N. del T.)

Capítulo 4

Fobia específica

Síntomas y criterios de definición

La fobia específica se puede describir *grosso modo* como un miedo extremo e inapropiado, provocado por un objeto o una situación únicos y particulares. El rango de los estímulos que puede provocar una respuesta fóbica específica es bastante amplio y variado. El temor producido tiene una relevancia clínica; con frecuencia es muy aterrador y da como resultado la evasión total del estímulo. El grado de alteración en las actividades de la vida cotidiana depende de la naturaleza del estímulo y la facilidad con la que se puede evitar. Por supuesto, algunas situaciones y objetos son menos frecuentes que otras, por lo que causan menos problemas. No obstante, la angustia y la preocupación provocadas por una fobia específica son muy reales y pueden ser extremadamente perjudiciales para la vida cotidiana.

La Asociación Americana de Psiquiatría ha creado una lista de criterios que se emplean para definir la fobia específica; a continuación se presenta de forma resumida:

- Un objeto, ya sea animado o inanimado, o una situación en particular provocan un miedo extremo y excesivo. El estado de miedo también puede ser el resultado de pensamientos o anticipación al estímulo, y está presente durante un periodo prolongado si las circunstancias específicas surgen.

- El miedo se presenta de inmediato como respuesta a la exposición ante el estímulo fóbico y puede parecerse a un ataque de pánico.

- La persona está consciente de que su miedo es excesivo o desmesurado, aunque esto no siempre ocurre en caso de que el fóbico es un niño pequeño.

- El estímulo fóbico sólo se puede soportar a través de la ansiedad o angustia extremas; de lo contrario, se cancela toda posibilidad de estímulo fóbico.

- La existencia de la fobia ocasiona que la persona sienta vergüenza o angustia, o que las actividades cotidianas se vean considerablemente afectadas.

- En una persona menor a los dieciocho años, la fobia puede persistir hasta por lo menos seis meses. También se afirma que un niño expresará su miedo de forma infantil, como llorar y gritar, querer estar pegado con la mamá, resistencia a quedarse en cama, etcétera.

- La evasión del miedo y la fobia no se pueden atribuir a la agorafobia, ni a la fobia social, ni a cualquier otro trastorno de ansiedad como lo es el trastorno obsesivo-compulsivo, el trastorno de estrés postraumático, el trastorno de ansiedad por separación, incluyendo la fobia escolar (ver Capítulo 5).

En esta lista de criterios, se reconoce la existencia de lo que se considera como miedos comunes en la infancia. Como cualquier padre sabe, los miedos y la ansiedad más comunes se presentan en los niños, y pueden llegar a ser intensos y angustiantes. Sin embargo, por lo general disminuyen conforme el niño va creciendo y teniendo uso de razón, o no provocan ninguna angustia intensa que acompañe a alguna fobia.

Aunado a esta lista, la Asociación Americana de Psiquiatría ha identificado cinco grupos de fobia específica:

1. Fobia animal: provocada por la exposición a ciertas especies particulares como arañas, serpientes, gatos, perros o, algunas veces, a especies grupales (Ej. insectos voladores).

2. Fobia ambiental: provocada por la exposición a tormentas, agua (ríos, mares, cascadas), lugares altos, maderas, bosques, por mencionar tan sólo algunos ejemplos.

3. Fobia de tipo sangre-inyecciones-daño: provocada al ver sangre, heridas accidentales, cualquier cosa relacionada con agujas quirúrgicas (donación de sangre, muestras de sangre, vacunas) o cualquier otro proceso quirúrgico.

4. Fobia situacional: provocada, por ejemplo, por la exposición a lugares cerrados (ver claustrofobia, Capítulo 13) como los elevadores o túneles, volar en aviones o utilizar otra forma de transporte, cruzar un puente. Aunque existe cierto grado de traslape, es más probable que el hombre fabrique las situaciones al contrario de lo que ocurre con los fenómenos naturales.

5. Otras fobias: provocadas por una amplia gama de estímulos que no se pueden clasificar dentro de los subgrupos anteriores. Para citar algunos ejemplos tenemos: fobias relacionadas con la exposición a ciertas enfermedades o condiciones, tales como el SIDA, el atragantamiento (ver Capítulo 18) y el vómito; a objetos como cristales, espejos, estatuas; o a tipos de personas como payasos o gente disfrazada. En la psiquiatría europea se considera que una persona padece trastorno hipocondriaco o de ideas delirantes si cree erróneamente que ha contraído alguna enfermedad o condición en particular, contrario a lo que ve.

Las fobias específicas son las más frecuentes de las tres categorías y también las más comunes de los trastornos de ansiedad; afectan aproximadamente al siete por ciento de las mujeres y al cuatro por ciento de los hombres durante un periodo de seis meses seleccionado de forma aleatoria. En términos generales, las fobias específicas afectan alrededor del cinco por ciento de los niños; se pueden presentar con otros trastornos de ansiedad, como la ansiedad por separación, y pueden ser un poco más comunes en las niñas que en los niños.

No obstante, es probable que el porcentaje real sea incluso mayor, ya que se sabe que muchos fóbicos son capaces de evitar enfrentamientos a estímulos fóbicos, no buscan tratamiento médico, y pueden negar la existencia de su fobia. De hecho, la evasión es el mecanismo de defensa más común para las personas con fobia específica. Compare la agorafobia (Capítulo 2) con la fobia social (Capítulo 3).

Desarrollo

Se han llevado a cabo muchos estudios detallados relacionados con la naturaleza y el desarrollo de las fobias específicas, y han contribuido en gran medida para dilucidar cómo entendemos todas las fobias en general. Esta investigación, realizada durante muchos años, ha arrojado un sinnúmero de teorías concernientes al mecanismo subyacente a la adquisición y preservación de las fobias específicas. En muchos casos, puede haber varios factores que interactúan entre sí (ver Capítulo 21). A pesar de que los especialistas en cualquiera de las teorías no han llegado a un acuerdo, la investigación no sólo ha sido de interés, sino que también ha dado pie al desarrollo de programas especiales de tratamiento para algunas fobias específicas.

Tratamientos

En general, alguna de las formas de terapia de exposición (conductual) sigue siendo la mejor opción para tratar la mayoría de los tipos de fobia específica. Algunos terapeutas han logrado resultados alentadores mediante enfoques cognitivos, tratamientos conductual-cognitivos combinados, así como tratamientos apropiados para cada fobia; sin embargo, no están del todo bien definidos. Por otra parte, no se considera que los tratamientos farmacológicos sean apropiados para tratar la fobia específica. A muchos fóbicos se les puede ayudar a través de programas terapéuticos modernos, y muchos pueden aprender a sobrellevar su fobia de tal modo que ya no sea un problema de todos los días.

Debido a la intensa naturaleza del miedo fóbico, las personas que padecen alguna fobia permanecen renuentes a buscar ayuda, pues pueden pensar: "Salió peor el remedio que la enfermedad". Así pues, es importante enfatizar que en la terapia moderna no existe avance alguno sin la plena explicación y análisis, ni tampoco sin el consentimiento y la cooperación del paciente en cada etapa de la terapia. En contraste con los repentinos e inesperados encuentros con el estímulo fóbico que pueden suscitarse en la vida real, la terapia permite una exposición gradual y controlada. Una vez que se ha alcanzado, con la ayuda y apoyo de un terapeuta, el objetivo determinado, el paciente se ve motivado para pasar a una segunda etapa y avanzar progresivamente a otras, las cuales involucran por lo general una mayor exposición al estímulo temido o enfrentamientos más cercanos con éste.

Capítulo 5

Trastornos de ansiedad

Las fobias específicas, por lo menos en los niños, pueden coexistir con algunos otros trastornos de ansiedad. Además, para que se pueda diagnosticar una fobia, el médico primero debe eliminar estos otros trastornos. Por lo tanto, a estas alturas es indispensable incluir una breve descripción de tales trastornos con el fin de compararlos y contrastarlos con las fobias.

Trastorno obsesivo-compulsivo

El trastorno obsesivo-compulsivo es un trastorno de ansiedad, en el cual la persona se siente preocupada debido a pensamientos e imágenes molestas e inoportunas, así como sucesos, impulsos e ideas imaginadas. Estos pensamientos llegan súbitamente o, por lo menos, la persona no los origina con intención, y dan como resultado emociones no deseadas que van desde la ansiedad hasta la repulsión. La persona considera que los pensamientos molestos son bizarros, vergonzosos, morbosos o repugnantes, y de la manera acostumbrada tiene comportamientos repetidos como si fueran parte de un ritual para contrarrestarlos.

Las conductas ritualizadas incluyen: lavarse las manos continuamente (para contrarrestar el miedo hacia la mugre o la contaminación); revisar en repetidas ocasiones que la luz esté apagada, los aparatos eléctricos estén desconectados o que las puertas estén cerradas, lo que lleva a la persona a tener una rutina extraña antes de hacer algo y de repetir palabras, frases o hacer recuentos. Con frecuencia y por lógica, la conducta ritualizada no puede aliviar la obsesión, pero al llevarla a cabo hace que la persona se sienta un tanto aliviada y cómoda. Las personas que padecen este trastorno casi siempre están conscientes, aunque sea un poco, de que su obsesión y su conducta ritualizada son excesivos pero no pueden hacer nada por sí mismos.

Puesto que están conscientes de que su conducta probablemente parezca extraña para los demás, pueden hacer todo lo posible por disimular su existencia. Esto lleva a un alto índice de estrés; además, se estima que una tercera parte de los pacientes con trastorno obsesivo-compulsivo sufren de depresión. El trastorno afecta a hombres y mujeres por igual, y cerca del 1.6 por ciento de las personas se ve afectado durante un periodo de seis meses que llega sin esperarlo.

Trastorno de estrés postraumático

En primera instancia, experimentar y sobrevivir a algún suceso o a una serie de sucesos traumáticos provocan que se presente el trastorno de estrés postraumático: la experiencia vivida suscita terror y sentimientos de impotencia, desesperación y dolor. En repetidas ocasiones, la vida de la persona corrió peligro o pudo haber sufrido heridas graves, y muchas veces el suceso tuvo que ver con la muerte, heridas y el sufrimiento de que estos dos factores lo rodean. Después de todo, cuando la persona se encuentra nuevamente a salvo o se ha recuperado físicamente, la experiencia comienza a perseguirla otra vez mediante retrospecciones y/o pesadillas. Las emociones originales, aterradoras y dolorosas se experimentan una vez más; asimismo, la persona sufre seguido de depresión, así como de sentimientos de culpa, en especial cuando él sobrevivió y otros no (culpa de sobrevivencia).

Por lo general, la persona evita lugares y situaciones que pueden desencadenar recuerdos o retrospecciones como lo es ver una película con una temática similar a su experiencia. Puede sufrir cambios de personalidad, mostrándose retraído y emocionalmente menos receptivo, tanto del mundo exterior como de las personas cercanas a él. Otros síntomas físicos incluyen problemas de sueño, irritabilidad, ansiedad extrema, pérdida de memoria, falta de concentración, problemas para realizar actividades de la vida cotidiana o del trabajo, dolores de cabeza y vértigo. Es común que exista cierta posibilidad de revivir sucesos traumáticos (ver trastorno por estrés agudo que se menciona a continuación). Sin embargo, si este tipo de trastorno persiste —es decir, dura más de tres meses o, incluso, años— es probable que se diagnostique trastorno de estrés postraumático crónico.

Trastorno de estrés agudo

El trastorno de estrés agudo es similar al trastorno de estrés postraumático en cuanto a los síntomas, pero difiere en la duración; además, se presenta de la noche a la mañana durante el primer mes después del suceso traumático y persiste a lo largo de dos o cuatro semanas. Es común que la persona experimente sentimientos de indiferencia e irrealidad, falta de concentración o una mínima conciencia de las cosas que la rodean e inhibición de emociones. Aunado a ello, puede haber pérdida de la memoria de algunas partes del trauma; en general, se puede considerar como respuesta natural ante un suceso atroz. Dado el apoyo apropiado y favorable, particularmente la oportunidad de hablar del trauma y de cómo se sienten, mucha gente se recupera y es capaz de superar la experiencia.

Trastorno de ansiedad generalizada

Este trastorno se caracteriza por la incidencia de grados excesivos e inapropiados de ansiedad sobre cierto número de aspectos de la vida cotidiana. La ansiedad es tan aguda que la persona cree que es difícil lidiar con ella y funcionar apropiadamente, por lo que se encuentra preocupada la mayor parte del tiempo. El grado de ansiedad puede fluctuar pero, por lo general, está latente y se activa si la persona se siente bajo presión.

Todas las causas comunes de ansiedad son: los problemas relacionados con el trabajo, la familia, la situación económica, la salud, la seguridad personal, la gente cercana al fóbico y las responsabilidades del hogar. Asimismo, la ansiedad que se padece es a nivel general; es decir, no se enfoca en una situación particular o en un grupo de circunstancias, y la persona comúnmente no se preocupa por la respuesta o reacciones de los demás.

Los síntomas incluyen: problemas de sueño, cansancio, falta de concentración, irritabilidad, tensión muscular, dolores de cabeza e inquietud. El trastorno tiende a ser persistente y crónico; además, es frecuente: afecta entre el tres y el cinco por ciento de la población a cualquier edad, pero es dos veces más común en mujeres que en hombres. En general, es un trastorno que se trata con medicamentos como las benzodiazepinas, otros ansiolíticos o antidepresivos que, más que curar los síntomas, los disminuye.

Los pacientes que están muy afectados pueden ser remitidos con el psicoterapeuta; por otra parte, diversas terapias alternativas, así como medidas de autoayuda también pueden beneficiar de forma individual a las personas que padecen este trastorno (ver Capítulo 24).

Ansiedad por trastorno físico o inducida por sustancias

Como el título lo sugiere, la ansiedad puede ser el resultado de la incidencia de diferentes enfermedades físicas. Aunado a ello, puede causar la ansiedad el uso o el abuso de prescripciones médicas o de medicamentos cuya venta no requiere receta médica, así como de bebidas alcohólicas, cafeína y de sustancias ilegales. La ansiedad es un síndrome de abstinencia común típico en las personas que tratan de dejar sustancias adictivas u otras sustancias fuertes. En primera instancia, el tratamiento se centra en la causa de la ansiedad; es decir, si ésta es provocada por una enfermedad física o por la ingesta de sustancias. Una vez que esto se ha diagnosticado, es probable que se requiera un tratamiento para la ansiedad persistente, como la psicoterapia, una terapia farmacéutica apropiada o, quizá, terapias alternativas.

Ansiedad por separación

Este tipo de ansiedad nos remite a un estado de ansiedad y angustia extremas que afectan a los niños y es causado por la separación real o anticipada de los padres, así como de la seguridad de su entorno familiar. Generalmente ocurre cuando separan a un bebé del lado de su madre o cuando siente que un extraño se le acerca o lo carga. Sin embargo, lo mismo puede ocurrir en niños, sobre todo cuando empiezan a ir a la escuela.

Se puede observar que cada uno de estos trastornos de ansiedad tiene características que los distinguen de las fobias; aunque en casos individuales puede ser que la situación no sea cien por ciento clara desde un inicio. Por ende, la primera tarea de un médico es realizar, conjuntamente con el paciente, un diagnóstico correcto a través de un examen y análisis exhaustivos de los síntomas.

Capítulo 6

Lista de Fobias

Fobia	Clasificación	Nombre(s) en español
(Estímulo de la fobia; es decir, miedo extremo a):	(Clasificación médica, si es el caso)	(Nombres en español que se han empleado)
Abandono: ser abandonado u olvidado	Fobia específica Subgrupo Otras fobias	Atazagorafobia
Abejas: miedo a éstas o a ser picado por ellas	Fobia específica Subgrupo Animal	Apifobia Melisofobia
Abuso sexual	Fobia específica Subgrupo Otras fobias	Agrafobia Contreltofobia
Accidentes atómicos y explosiones: a desastres con bombas o en plantas nucleares	Fobia específica Subgrupo Otras fobias	Atomosofobia
Accidentes: por lo general, como resultado de un accidente previo en la carretera	Fobia específica Subgrupo Situacional Fobia a los accidentes	Distiquifobia

Fobia	Clasificación	Nombre (s) en español
Acidez	Fobia específica Subgrupo Otras fobias	Acerofobia
Agotamiento: miedo a tener demasiado trabajo	Fobia específica Subgrupo Otras fobias	Ponofobia
Agua (suele aplicarse también al miedo a la rabia)	Fobia específica Subgrupo Otras fobias Hidrofobia Fobia al agua	Hidrofobia
Agujas y alfileres	Fobia específica Subgrupo Otras fobias	Aicmofobia Belonefobia Enetofobia
Aire (enfermedad del): vómito provocado específicamente por viajar en avión	Fobia específica Subgrupo Otras fobias	Aeronausifobia
Aislamiento: miedo a quedarse totalmente solo, ver también abandono	Fobia específica Subgrupo Otras fobias	Isolofobia Monofobia

Fobia	Clasificación	Nombre(s) en español
Ajo	Fobia específica Subgrupo Otras fobias	Aliumfobia
Alcohol: bebidas alcohólicas	Fobia específica Subgrupo Otras fobias	Metifobia Potofobia
Alegría	Fobia específica Subgrupo Otras fobias	Querofobia
Alemanes y su cultura, Alemania	Fobia específica Subgrupo Otras fobias	Germanofobia Teutofobia
Alturas: miedo a todos los lugares altos y a las escaleras	Fobia específica Subgrupo Otras fobias Fobia a las alturas (Acrofobia)	Acrofobia Altofobia Batofobia Hipsifobia
Amanecer, día y luz del día	Fobia específica Subgrupo Ambiental	Eosofobia Fengofobia
Amarillo (color)	Fobia específica Subgrupo Otras fobias	Xantofobia

Fobia	Clasificación	Nombre(s) en español
Amnesia: miedo extremo a la pérdida de la memoria e identidad	Fobia específica Subgrupo Otras fobias	Amnesifobia
Amputación: miedo a la gente con amputaciones	Fobia específica Subgrupo Otras fobias	Apotmnofobia
Anfibios: ya sea todos los tipos (ranas, sapos, salamandras) o limitado a las combinaciones de las especies	Fobia específica Subgrupo Animal	Batracofobia
Angina: miedo al dolor agudo de pecho y a los paros cardiacos	Fobia específica Subgrupo Otras fobias	Anginofobia
Animales que se arrastran: miedo a insectos que (casi siempre) se arrastran	Fobia específica Subgrupo Animal	Entomofobia
Animales salvajes	Fobia específica Subgrupo Animal	Agrizoofobia

Fobia	Clasificación	Nombre(s) en español
Animales: miedo generalizado a los animales	Fobia específica Subgrupo Animal	Zoofobia
Aprender	Fobia específica Subgrupo Otras fobias	Sofofobia
Arañas	Fobia específica Subgrupo Animal	Aracnofobia
Árboles	Fobia específica Subgrupo Situacional	Dendrofobia
Armas de fuego	Fobia específica Subgrupo Otras fobias	Hoplofobia
Armas nucleares	Fobia específica Subgrupo Otras fobias	Nucleomitufobia
Arrugas: miedo a tener arrugas	Fobia específica Subgrupo Otras fobias	Ritifobia

Fobia	Clasificación	Nombre(s) en español
Articulación (inmovilidad de una): miedo a que una articulación se atrofie	Fobia específica Subgrupo Otras fobias	Anquilofobia
Asfixia: miedo a ser asfixiado o a atragantarse	Fobia específica Subgrupo Otras fobias	Pnigerofobia Pnigofobia
Asimetría, objetos y figuras asimétricas	Fobia específica Subgrupo Otras fobias	Asimetrifobia
Ataxia: miedo a los movimientos inestables o a la pérdida de coordinación, acompañada de ciertos trastornos del sistema nervioso central. Miedo a la gente que sufre de este problema o a sufrirlo	Fobia específica Subgrupo Otras fobias Fobia a las enfermedades	Ataxiofobia
Atragantamiento: miedo a atragantarse con la comida, pastillas, etcétera.	Fobia específica Subgrupo Otras fobias Fobia al atragantamiento	Anginofobia
Auroras boreales	Fobia específica Subgrupo Ambiental	Aurorafobia

Fobia	Clasificación	Nombre(s) en español
Aviones	Fobia específica Subgrupo Situacional Fobia a los aviones	Aviatofobia Aviofobia Pteromeranofobia
Avispa	Fobia específica Subgrupo Animal	Especsofobia
Bacterias, microbios y virus: miedo a las enfermedades patógenas	Fobia específica Subgrupo Otras fobias	Bacteriofobia Verminofobia Microbiofobia Bacilofobia Espermofobia o Espermatofobia
Baile	Fobia específica Subgrupo Otras fobias	Corofobia
Balas y misiles	Fobia específica Subgrupo Otras fobias	Balistofobia
Bañarse o lavarse	Fobia específica Subgrupo Otras fobias Fobia al agua	Ablutofobia

Fobia	Clasificación	Nombre(s) en español
Barba y hombres con barba	Fobia específica Subgrupo Otras fobias	Pogonofobia
Barbilla, mentón	Fobia específica Subgrupo Otras fobias	Geniofobia
Bebidas, beber	Fobia específica Subgrupo Otras fobias	Dipsofobia
Besar: miedo a besar o a que lo besen	Fobia específica Subgrupo Otras fobias	Filemafobia Filematofobia
Bicicletas	Fobia específica Subgrupo Otras fobias	Ciclofobia
Blanco (color)	Fobia específica Subgrupo Otras fobias	Leucofobia
Bosque (estar en uno durante la noche)	Fobia específica Subgrupo Ambiental	Nictohilofobia

Fobia	Clasificación	Nombre(s) en español
Bosques	Fobia específica Subgrupo Ambiental	Hilofobia
Botones	Fobia específica Subgrupo Otras fobias	Vestifobia
Brujas y brujería	Fobia específica Subgrupo Otras fobias	Vicafobia
Buenas noticias	Fobia específica Subgrupo Otras fobias	Eufobia
Caballos	Fobia específica Subgrupo Animal	Equinofobia Hipofobia
Cabello	Fobia específica Subgrupo Otras fobias	Caetofobia Hipertricofobia Tricopatofobia Tricofobia
Cacahuate: miedo a que se pegue en la boca	Fobia específica Subgrupo Otras fobias	Araquibutirofobia

Fobia	Clasificación	Nombre(s) en español
Caídas (casi siempre como parte de la fobia a las alturas)	Fobia específica Subgrupo Otras fobias	Basifobia Basofobia
Calles y caminos	Fobia específica Subgrupo Situacional	Agirofobia
Calor	Fobia específica Subgrupo Otras fobias	Termofobia
Calvicie: miedo a la calvicie en los demás o en uno mismo	Fobia específica Subgrupo Otras fobias	Peladofobia Falacrofobia
Cama: miedo a acostarse	Fobia específica Subgrupo Otras fobias	Clinofobia
Cambios y nuevos proyectos en la vida	Fobia específica Subgrupo Otras fobias	Metatesiofobia
Caminar: miedo a caminar o a la imposibilidad de hacerlo	Fobia específica Subgrupo Otras fobias	Ambulofobia

Fobia	Clasificación	Nombre(s) en español
Cáncer: miedo a padecer de cáncer o a que otros lo padezcan	Fobia específica Subgrupo Otras fobias Fobia a las enfermedades	Cancerofobia Carcinfobia
Carne	Fobia específica Subgrupo Otras fobias	Carnofobia
Casas	Fobia específica Subgrupo Otras fobias	Domatofobia Oicofobia
Castigo	Fobia específica Subgrupo Otras fobias	Mastigofobia Poinefobia
Ceguera: a los invidentes o a quedar ciego	Fobia específica Subgrupo Otras fobias	Escotomafobia
Celos, envidia: miedo a volverse celoso o envidioso, a ver celos o envidia en los demás	Fobia específica Subgrupo Otras fobias	Zelofobia
Cementerios	Fobia específica Subgrupo Situacional	Cometofobia

Fobia	Clasificación	Nombre(s) en español
Cenar fuera de casa, cenas: cenas sociales	Fobia social	Deipnofobia
Cera (figuras de)	Fobia específica Subgrupo Otras fobias	Automatonofobia
Cerebro (enfermedades del): miedo a enfermedades o condiciones cerebrales (incurables o progresivas) en uno mismo o en otras personas	Fobia específica Subgrupo Otras fobias	Meningitofobia
Ceremonias religiosas y ocasiones solemnes	Fobia específica Subgrupo Otras fobias	Teleofobia
Chinos: miedo a los chinos y a su cultura en sí	Fobia específica Subgrupo Otras fobias	Sinofobia
Chocolate	Fobia específica Subgrupo Otras fobias	Chocolatofobia
Cielo	Fobia específica Subgrupo Otras fobias	Ouranofobia Uranofobia

Fobia	Clasificación	Nombre(s) en español
Ciencia	Fobia específica Subgrupo Otras fobias	*No existe término científico para esta fobia. (N. del T.)
Cocinar	Fobia específica Subgrupo Otras fobias	Megeirocofobia
Coito: miedo al acto sexual	Fobia específica Subgrupo Otras fobias	Coitofobia
Cólera	Fobia específica Subgrupo Otras fobias Fobia a las enfermedades	Colerofobia
Colores	Fobia específica Subgrupo Otras fobias	Cromofobia Cromatofobia
Comezón: en particular la que es causada por piquetes de insectos o parásitos externos	Fobia específica Subgrupo Otras fobias	Acarofobia

Fobia	Clasificación	Nombre(s) en español
Comida y/o comer	Fobia específica Subgrupo Otras fobias	Sitiofobia Sitofobia
Comida: algunas veces a cierta comida o a la relacionada con la fobia al atragantamiento	Fobia específica Subgrupo Otras fobias	Cibofobia Sitiofobia Sitofobia
Computadoras	Fobia específica Subgrupo Otras fobias	Ciberfobia Logisomecanofobia
Conocimiento	Fobia específica Subgrupo Otras fobias	Epistemofobia Gnosiofobia
Constipación: miedo a desarrollar esta condición, molestia y dolor al defecar	Fobia específica Subgrupo Otras fobias	Coprastasofobia Defecaloesiofobia
Contagio y contaminación: miedo a ser contaminados de gérmenes y mugre; miedo a ser contagiado o a estar en contacto con gente contagiada	Fobia específica Subgrupo Otras fobias	Tapinofobia

Fobia	Clasificación	Nombre(s) en español
Contaminación del aire: contaminarse por las toxinas o microbios que circulan en el aire o ingerirlos	Fobia específica Subgrupo Otras fobias	Misofobia Molisomofobia Aerofobia
Corazón: miedo a que el corazón deje de latir, a un paro cardiaco o al corazón mismo	Fobia específica Subgrupo Otras fobias	Cardiofobia
Cristal	Fobia específica Subgrupo Otras fobias	Hialofobia Hielofobia Nelofobia
Cruce de peatones	Fobia específica Subgrupo Situacional	Agirofobia Dromofobia
Cruces y crucifijos, cruceros	Fobia específica Subgrupo Otras fobias	Estaurofobia
Cuerdas	Fobia específica Subgrupo Otras fobias	Cnidofobia Linonofobia

Fobia	Clasificación	Nombre(s) en español
Cuerpos celestes: estrellas, planetas, el sol, la luna, cometas, meteoritos, sucesos cósmicos	Fobia específica Subgrupo Ambiental	Astrofobia Meteorofobia Selenofobia Cosmicofobia
Curas	Fobia específica Subgrupo Otras fobias	Hierofobia
Decisiones (tomar)	Fobia específica Subgrupo Otras fobias	Decidofobia
Defecación	Fobia específica Subgrupo Otras fobias	Ripofobia
Deformidad: en otros o en sí mismo	Fobia específica Subgrupo Otras fobias	Dismorfofobia Teratofobia
Demandas y procesos legales	Fobia específica Subgrupo Otras fobias	Liticafobia
Demencia: miedo a perder la cordura o a observar esta condición en otras personas	Fobia específica Subgrupo Otras fobias	Dementofobia Lisofobia Maniafobia

Fobia	Clasificación	Nombre(s) en español
Dentistas y tratamientos dentales	Fobia específica Subgrupo Otras fobias	Dentofobia
Dependencia: volverse dependiente de otros e indefenso	Fobia específica Subgrupo Otras fobias	Soteriofobia
Derecho (lado): miedo a las cosas u objetos del lado derecho del cuerpo	Fobia específica Subgrupo Otras fobias	Dextrofobia
Derrota: miedo a la derrota en situaciones cotidianas	Fobia específica Subgrupo Otras fobias	Cacorafiofobia
Descomposición y materia en descomposición	Fobia específica Subgrupo Ambiental	Seplofobia
Descuido	Fobia específica Subgrupo Otras fobias	Ataxofobia
Desmayo (con frecuencia como parte de la fobia de tipo sangre-inyecciones-daño)	Fobia específica Subgrupo Otras fobias	Astenofobia

Fobia	Clasificación	Nombre(s) en español
Desnudez	Fobia específica Subgrupo Otras fobias	Gimnofobia Nudofobia
Desorden	Fobia específica Subgrupo Otras fobias	Ataxofobia
Desvestirse: miedo a desnudarse, especialmente ante alguien	Fobia específica Subgrupo Otras fobias	Deshabiliofobia
Diabetes: volverse diabético o que alguien padezca de diabetes	Fobia específica Subgrupo Otras fobias Fobia a las enfermedades	Diabetofobia
Diablo y demonios	Fobia específica Subgrupo Otras fobias	Demonofobia Daemonofobia Satanofobia
Dinero	Fobia específica Subgrupo Otras fobias	Crematofobia Crometofobia
Dios, dioses y rituales, ceremonias religiosas	Fobia específica Subgrupo Otras fobias	Teofobia Zeusofobia

Fobia	Clasificación	Nombre(s) en español
Doble visión	Fobia específica Subgrupo Otras fobias	Diplofobia
Dolencia, ver también enfermedad	Fobia específica Subgrupo Otras fobias	Nosemafobia o Nosofobia
Dolor	Fobia específica Subgrupo Otras fobias	Agliofobia Algofobia Odinefobia Odinofobia
Duendes: miedo a personajes aterradores que no existen, Ej. "el coco"	Fobia específica Subgrupo Otras fobias	Bogifobia
Electricidad	Fobia específica Subgrupo Otras fobias	Electrofobia
Embarazo (y el parto)	Fobia específica Subgrupo Otras fobias	Tocofobia
Enamorarse: a estar enamorado	Fobia específica Subgrupo Otras fobias	Filofobia

Fobia	Clasificación	Nombre(s) en español
Encarcelamiento	Fobia específica Subgrupo Otras fobias	Nosemafobia o Nosofobia
Encorvaduras: miedo a las personas encorvadas o volverse encorvado	Fobia específica Subgrupo Otras fobias	Quifofobia
Enfermedad: enfermedades en general o específicas	Fobia específica Subgrupo Otras fobias Fobia a las enfermedades	Monopatofobia Pantopatofobia Patofobia
Enfermedades venéreas	Fobia específica Subgrupo Otras fobias Fobia a las enfermedades	Ciprianofobia Cipridofobia Ciprinofobia Ciprifobia
Engordar	Fobia específica Subgrupo Otras fobias	Obesofobia Pocrescofobia
Enojo: miedo a enojarse o a que otros lo hagan	Fobia específica Subgrupo Otras fobias	Angrofobia Colerofobia

Fobia	Clasificación	Nombre(s) en español
Epilepsia: miedo a desarrollar la condición y a encontrarla en otras personas	Fobia específica Subgrupo Otras fobias Fobia a las enfermedades	Hilefobia (también usada para el materialismo)
Erección: miedo a ya no poder tener más erecciones	Fobia específica Subgrupo Otras fobias	Medomalacufobia
Escaleras: miedo a subirlas o bajarlas o caer de ellas	Fobia específica Subgrupo Situacional	Climacofobia
Escena: miedo al tener miedo en la escena	Fobia social o Fobia específica Subgrupo Situacional	Topofobia
Escribir en público	Fobia social	Escriptofobia
Escritura: miedo a las letras impresas	Fobia específica Subgrupo Otras fobias	Grafofobia
Escuela: miedo a ir a la escuela	Fobia específica Subgrupo Situacional Fobia escolar	Didascaleinofobia Escolionofobia

Fobia	Clasificación	Nombre(s) en español
Espacio, espacio abierto: miedo a caerse al cruzar un espacio abierto sin nada en que apoyarse	Agorafobia o Fobia específica Subgrupo Situacional	Cenofobia
Espacio: miedo al espacio sideral	Fobia específica Subgrupo Otras fobias	Astrofobia
Espacios abiertos	Agorafobia	Agorafobia
Espacios reducidos: miedo a espacios pequeños, limitados	Fobia específica Subgrupo Situacional Claustrofobia	Claustrofobia
Espejos y verse reflejado en uno	Fobia específica Subgrupo Otras fobias	Catoptrofobia Eisoptofobia
Estatuas	Fobia específica Subgrupo Otras fobias	Automatonofobia
Estrellas	Fobia específica Subgrupo Ambiental	Astrofobia

Fobia	Clasificación	Nombre(s) en español
Exámenes: miedo a presentar cualquier tipo de prueba	Fobia específica Subgrupo Otras fobias	Testofobia
Extranjeros	Fobia específica Subgrupo Otras fobias	Xenofobia
Falsedad: miedo a que le mientan o a mentir	Fobia específica Subgrupo Otras fobias	Mitofobia
Fantasmas, espíritus, espectros: miedo a encontrarse con seres sobrenaturales o con cualquier cosa relacionada con lo sobrenatural	Fobia específica Subgrupo Otras fobias	Fasmofobia Pneumatifobia Espectrofobia
Fatiga	Fobia específica Subgrupo Otras fobias	Copofobia
Fealdad: miedo a que lo consideren feo o miedo a personas u objetos feos	Fobia específica Subgrupo Otras fobias	Cacofobia
Fiebre: tener fiebre o a que otros la tengan	Fobia específica Subgrupo Otras fobias	Febrifobia Fibriofobia Fibrifobia Pirexiofobia

Fobia	Clasificación	Nombre(s) en español
Filosofía y las discusiones filosóficas	Fobia específica Subgrupo Otras fobias	Filosofobia
Flautas	Fobia específica Subgrupo Otras fobias	Aulofobia
Flores	Fobia específica Subgrupo Otras fobias	Antofobia Antrofobia
Fobia como tal: miedo a volverse fóbico	Fobia específica Subgrupo Otras fobias	Fobofobia
Fracaso: miedo a las opiniones de los demás o a las consecuencias de su fracaso	Fobia específica Subgrupo Otras fobias	Atiquifobia Cacorafiofobia
Franceses y su cultura	Fobia específica Subgrupo Otras fobias	Francofobia Galiofobia Galofobia

Fobia	Clasificación	Nombre(s) en español
Frío: frío extremo (nieve, hielo, heladas)	Fobia específica Subgrupo Ambiental	Queimafobia Quionofobia Criofobia Frigofobia Psicrofobia
Fuego	Fobia específica Subgrupo Otras fobias	Arsonfobia Pirofobia
Gatos	Fobia específica Subgrupo Animal	Ailurofobia Elurofobia Felinofobia Galeofobia Gatofobia
Genitales: tanto de la mujer como del hombre (femeninos)	Fobia específica Subgrupo Otras fobias	Colpofobia Eurotofobia
Gente o sociedad	Fobia específica Subgrupo Otras fobias	Antropofobia Sociofobia

Fobia	Clasificación	Nombre(s) en español
Gravedad	Fobia específica Subgrupo Otras fobias	Barofobia
Gusanos	Fobia específica Subgrupo Animal	Escolequifobia Escolesifobia Helmintofobia
Habitaciones	Fobia específica Subgrupo Situacional	Coinonifobia
Hablar	Fobia específica Subgrupo Otras fobias	Laliofobia Lalofobia
Hablar en público	Fobia social	Glosofobia Fonofobia
Hablar en público: oratoria	Fobia social	Glosofobia
Heces	Fobia específica Subgrupo Otras fobias	Coprofobia Escatofobia

Fobia	Clasificación	Nombre(s) en español
Hemorragia nasal	Fobia específica Subgrupo Otras fobias	Epistaxiofobia
Herejía: desafío a la autoridad y a la doctrina oficial	Fobia específica Subgrupo Otras fobias	Hereiofobia Heresifobia
Herencia y condiciones hereditarias	Fobia específica Subgrupo Otras fobias	Patroiofobia
Heridas: miedo a lastimarse; ver también accidentes	Fobia específica Subgrupo Otras fobias	Traumatofobia
Hielo y heladas, ver también frío	Fobia específica Subgrupo Ambiental	Pagofobia
Hipnosis	Fobia específica Subgrupo Otras fobias	Hipnofobia
Hogar y sus alrededores, ir a casa	Fobia específica Subgrupo Situacional	Ecofobia Eicofobia Nostofobia Oicofobia

Fobia	Clasificación	Nombre(s) en español
Holandeses y su cultura	Fobia específica Subgrupo Otras fobias	Holandofobia
Hombres	Fobia específica Subgrupo Otras fobias	Androfobia Arrenfobia Hominofobia
Homosexuales y homosexualidad	Fobia específica Subgrupo Otras fobias	Homofobia
Hormigas	Fobia específica Subgrupo Animal	Mirmecofobia
Hospitales	Fobia específica Subgrupo Situacional	Nosocomefobia
Huracanes y tornados	Fobia específica Subgrupo Ambiental	Lilapsofobia
Ideas	Fobia específica Subgrupo Otras fobias	Ideofobia

Fobia	Clasificación	Nombre(s) en español
Iglesias	Fobia específica Subgrupo Situacional	Eclesiofobia
Impacto emocional	Fobia específica Subgrupo Otras fobias	Hormefobia
Imperfección	Fobia específica Subgrupo Otras fobias	Atelofobia
Infierno	Fobia específica Subgrupo Otras fobias	Hadefobia Estigiofobia
Infinito	Fobia específica Subgrupo Otras fobias	Apeirofobia
Ingleses y su cultura	Fobia específica Subgrupo Otras fobias	Anglofobia
Insectos	Fobia específica Subgrupo Animal	Entomofobia Insectofobia

Fobia	Clasificación	Nombre(s) en español
Insectos voladores: miedo generalizado a éstos	Fobia específica Subgrupo Animal	Ornitofobia
Investigaciones	Fobia específica Subgrupo Otras fobias	Anablefobia
Inyecciones: algunas veces también están combinadas con la fobia de tipo sangre-daño	Fobia específica Subgrupo Fobia de tipo sangre-inyecciones-daño	Tripanofobia
Izquierdo (lado): miedo a los objetos que se encuentran del lado izquierdo de la persona	Fobia específica Subgrupo Otras fobias	Levofobia Sinistrofobia
Japoneses y su cultura	Fobia específica Subgrupo Otras fobias	Japanofobia
Judíos, sus costumbres y prácticas religiosas	Fobia específica Subgrupo Otras fobias	Judeofobia
Lagos	Fobia específica Subgrupo Ambiental	Limnofobia

Fobia	Clasificación	Nombre(s) en español
Largas esperas para una cita o un suceso	Fobia específica Subgrupo Otras fobias	Macrofobia
Lepra: miedo a contraerla o a la gente que la tiene	Fobia específica Subgrupo Otras fobias Fobia a las enfermedades	Leprafobia Leprofobia
Lesiones o afecciones sanguíneas: miedo a éstas en otros o a contraerlas	Fobia específica Subgrupo Otras fobias Fobia a las enfermedades	Dermatopatofobia Dermatofobia Dermatosiofobia
Letra: escribir a mano	Fobia específica Subgrupo Otras fobias	Grafofobia
Levantarse; miedo a la imposibilidad de estar parado	Fobia específica Subgrupo Otras fobias	Basifobia Basofobia Estasibasifobia Estasifobia
Libros	Fobia específica Subgrupo Otras fobias	Bibliofobia

Fobia	Clasificación	Nombre(s) en español
Límites: miedo a estar atado	Fobia específica Subgrupo Otras fobias Subgrupo Situacional Claustrofobia	Merintofobia
Limosneros y vagos: miedo a personas desaliñadas o que no están en sus cabales	Fobia específica Subgrupo Otras fobias	Hobofobia
Líquidos	Fobia específica Subgrupo Otras fobias	Hidrofobia
Lluvia: miedo a estar bajo ella o a ser mojado	Fobia específica Subgrupo Ambiental	Ombrofobia Pluviofobia
Lombrices	Fobia específica Subgrupo Animal	Escolequifobia
Lugares y objetos angostos	Fobia específica Subgrupo Otras fobias	Anginofobia Estenofobia

Fobia	Clasificación	Nombre(s) en español
Lugares: miedo a determinados lugares	Fobia específica Subgrupo Otras fobias	Topofobia
Luna	Fobia específica Subgrupo Ambiental	Selenofobia
Luz (parpadeos de)	Fobia específica Subgrupo Otras fobias	Selafobia
Luz deslumbrante, cegadora, como los reflectores	Fobia específica Subgrupo Otras fobias	Fotoaugliafobia
Luz roja	Fobia específica Subgrupo Otras fobias	Eritofobia
Luz y luz brillante	Fobia específica Subgrupo Otras fobias Fotofobia	Fotofobia Fotoaugliafobia
Madera y objetos de madera	Fobia específica Subgrupo Otras fobias	Xilofobia

Fobia	Clasificación	Nombre(s) en español
Madrastra	Fobia específica Subgrupo Otras fobias	Novercafobia
Máquinas	Fobia específica Subgrupo Otras fobias	Mecanofobia
Mar	Fobia específica Subgrupo Ambiental	Talasofobia
Mareos, vértigos	Fobia específica Subgrupo Otras fobias	Dinofobia
Mariposas, palomillas, insectos voladores: miedo al revoloteo de estos insectos y a que puedan pararse en la persona	Fobia específica Subgrupo Animal	Motefobia
Mariscos	Fobia específica Subgrupo Animal	Ostraconofobia
Martes 13	Fobia específica Subgrupo Otras fobias	Parascavedecatriafobia

Fobia	Clasificación	Nombre(s) en español
Materialismo	Fobia específica Subgrupo Otras fobias	Hilefobia (también empleada para epilepsia)
Matrimonio	Fobia específica Subgrupo Otras fobias	Gamofobia
Medicamentos	Fobia específica Subgrupo Otras fobias	Farmacofobia
Medicamentos nuevos	Fobia específica Subgrupo Otras fobias	Neofarmafobia
Medicamentos: tener que tomar medicinas	Fobia específica Subgrupo Otras fobias	Farmacofobia
Médicos	Fobia específica Subgrupo Otras fobias	Iatrofobia
Menstruación	Fobia específica Subgrupo Otras fobias	Menofobia

Fobia	Clasificación	Nombre(s) en español
Mente: miedo a la mente y a los pensamientos	Fobia específica Subgrupo Otras fobias	Psicofobia
Mercurio y sustancias mercúricas	Fobia específica Subgrupo Otras fobias	Hidrargiofobia
Metales	Fobia específica Subgrupo Otras fobias	Metalofobia
Meteoritos	Fobia específica Subgrupo Ambiental	Meteorofobia
Mirada fija: miedo a que se le queden viendo fijamente	Fobia específica Subgrupo Otras fobias	Oftalmofobia Escopofobia Escoptofobia
Miradas: miedo a ser visto o a que se le queden viendo	Fobia específica Subgrupo Otras fobias	Oftalmofobia Escopofobia
Mitos, historias y leyendas	Fobia específica Subgrupo Otras fobias	Mitofobia

Fobia	Clasificación	Nombre(s) en español
Monotonía y rutina	Fobia específica Subgrupo Otras fobias	(Homofobia)
Monstruos: miedo a monstruos imaginarios creados en las películas, etcétera	Fobia específica Subgrupo Otras fobias	Teratofobia
Morado (color)	Fobia específica Subgrupo Otras fobias	Porfirofobia
Movimiento	Fobia específica Subgrupo Otras fobias	Cinesofobia Cinetofobia
Mudanza o cambios en la vida	Fobia específica Subgrupo Otras fobias	Tropofobia
Muerte, cuerpos muertos	Fobia específica Subgrupo Otras fobias	Necrofobia Tanatofobia Tantofobia

Fobia	Clasificación	Nombre(s) en español
Mugre, polvo o volverse sucio	Fobia específica Subgrupo Otras fobias	Amatofobia Automisofobia Coniofobia Misofobia Rupofobia
Mujeres	Fobia específica Subgrupo Otras fobias	Ginefobia Ginofobia
Mujeres hermosas	Fobia específica Subgrupo Otras fobias	Caliguinefobia Venustrafobia
Multitudes y lugares atestados de gente	Agorafobia	Demofobia Enetofobia Oclofobia
Muñecas	Fobia específica Subgrupo Otras fobias Fobia a las muñecas	Pediofobia
Muñecos de ventrílocuo	Fobia específica Subgrupo Otras fobias	Automatonofobia

Fobia	Clasificación	Nombre(s) en español
Murciélagos: miedo a que los murciélagos se paren en la persona, a que la ataquen o a que lo atrapen del cabello	Fobia específica Subgrupo Animal	Quiropterofobia
Música	Fobia específica Subgrupo Otras fobias	Melofobia
Nacimiento: miedo, generalmente, al nacimiento de los niños (y al embarazo)	Fobia específica Subgrupo Otras fobias	Loquiofobia Maieusiofobia Parturifobia
Negro: el color negro, la oscuridad o la negrura	Fobia específica Subgrupo Otras fobias Fobia a los colores	Melanofobia
Niebla	Fobia específica Subgrupo Ambiental	Homiclofobia Nebulafobia
Nieve	Fobia específica Subgrupo Otras fobias	Chionofobia

Fobia	Clasificación	Nombre(s) en español
Niños	Fobia específica Subgrupo Otras fobias	Pedofobia
Noche de brujas	Fobia específica Subgrupo Otras fobias	Chamainofobia
Noche: miedo a la noche (y a la oscuridad)	Fobia específica Subgrupo Ambiental	Noctifobia
Nombres, a veces específicos: miedo a escuchar o leer un nombre	Fobia específica Subgrupo Otras fobias	Nomatofobia
Novedad: nuevas ideas, situaciones o cosas	Fobia específica Subgrupo Otras fobias	Cainofobia Cainotofobia Centofobia Cainolofobia
Nubes	Fobia específica Subgrupo Ambiental	Neofobia Nefofobia
Números en general, y números en específico	Fobia específica Subgrupo Otras fobias	Aritmofobia Numerofobia Octofobia Triscadecafobia

Fobia	Clasificación	Nombre(s) en español
(Número 8)	Fobia específica	Lutrafobia
(Número 13)	Subgrupo Animal	
Nutrias	Fobia específica Subgrupo Otras fobias	Obesofobia Pocrescofobia
Obesidad	Fobia específica Subgrupo Otras fobias	Megalofobia
Objetos grandes Objetos pequeños	Fobia específica Subgrupo Otras fobias	Microfobia
Objetos puntiagudos	Fobia específica Subgrupo Otras fobias	Aicmofobia
Objetos sagrados	Fobia específica Subgrupo Otras fobias	Hierofobia
Objetos viscosos	Fobia específica Subgrupo Otras fobias	Blenofobia Mixofobia

Fobia	Clasificación	Nombre(s) en español
Ojos	Fobia específica Subgrupo Otras fobias	Ommetafobia Ommatofobia
Ojos (abrirlos)	Fobia específica Subgrupo Otras fobias	Optofobia
Olores	Fobia específica Subgrupo Otras fobias	Olfactofobia Osmofobia Osfresiofobia
Olores del cuerpo: miedo a detectarlos en otras personas o en uno mismo	Fobia específica Subgrupo Otras fobias	Autodisomofobia Bromidrosifobia Bromidrofobia
Olvidar o ser olvidado	Fobia específica Subgrupo Otras fobias	Atazagorafobia
Ondas y movimientos ondulares	Fobia específica Subgrupo Ambiental	Cimofobia
Operaciones quirúrgicas; miedo del cirujano a hacer una operación	Fobia específica Subgrupo Otras fobias	Tomofobia

Fobia	Clasificación	Nombre(s) en español
Opiniones: miedo a las opiniones y al criticismo por parte de otros; miedo a una opinión negativa por parte de otros	Fobia específica Subgrupo Otras fobias	Alodoxafobia
Orina u orinar	Fobia específica Subgrupo Otras fobias	Urofobia
Oro	Fobia específica Subgrupo Otras fobias	Aurofobia
Oscuridad y noche	Fobia específica Subgrupo Ambiental	Acluofobia Corofobia Ligofobia Mictofobia Nictofobia Noctifobia
Padrastro	Fobia específica Subgrupo Otras fobias	Vitricofobia

Fobia	Clasificación	Nombre(s) en español
Pájaros: algunas veces, y en especial, a los pájaros cuando están volando; puede estar limitada a ciertas especies o al miedo generalizado	Fobia específica Subgrupo Animal	Ornitofobia
Palabras griegas y términos científicos	Fobia específica Subgrupo Otras fobias	Helenologofobia
Palabras largas	Fobia específica Subgrupo Otras fobias	Hipopotomonstro-sesquipedaliofobia
Palabras: también miedo a una palabra en particular, ya sea pronunciada o por escrito	Fobia específica Subgrupo Otras fobias	Logofobia Onomatofobia Verbofobia
Papa: el miedo al Papa	Fobia específica Subgrupo Otras fobias	Papafobia
Papel	Fobia específica Subgrupo Otras fobias	Papirofobia

Fobia	Clasificación	Nombre(s) en español
Parásitos	Fobia específica Subgrupo Animal	Parasitofobia
Parches en los ojos: miedo a la gente con parches y a los parches en sí	Fobia específica Subgrupo Otras fobias	*No existe término científico para esta fobia. (N. del T.)
Payasos	Fobia específica Subgrupo Otras fobias	Coulrofobia Courofobia
Pecado: miedo a cometer un pecado capital	Fobia específica Subgrupo Otras fobias	Enisofobia Enosiofobia Enosilfobia Hamartofobia Pecatofobia
Peces	Fobia específica Subgrupo Animal	Ictiofobia
Pelagra	Fobia específica Subgrupo Otras fobias Fobias a las enfermedades	Pelagrofobia

Fobia	Clasificación	Nombre(s) en español
Pelo y piel de los animales	Fobia específica Subgrupo Otras fobias	Dorafobia
Pene: miedo al pene, especialmente erecto	Fobia específica Subgrupo Otras fobias	Itifalofobia Medortofobia Falofobia
Pensamientos	Fobia específica Subgrupo Otras fobias	Fronemofobia
Periódicos	Fobia específica Subgrupo Otras fobias	Grafofobia Cainofobia Papirofobia
Perros	Fobia específica Subgrupo Animal Fobia a los perros	Cinofobia
Personas de edad avanzada	Fobia específica Subgrupo Otras fobias	Gerontofobia

Fobia	Clasificación	Nombre(s) en español
Perversión sexual: miedo a escuchar sobre algún pervertido, encontrarse con uno o convertirse en pervertido	Fobia específica Subgrupo Otras fobias	Parafobia
Picaduras: miedo a que las picaduras	Fobia específica Subgrupo Otras fobias	Gnidofobia Acarofobia
Piojos	Fobia específica Fobia animal	Pediculofobia
Placer	Fobia específica Subgrupo Otras fobias	Hedonofobia
Plaga de gusanos (o parásitos)	Fobia específica Subgrupo Animal	Helmintofobia
Planes: miedo a hacer planes definitivos	Fobia específica Subgrupo Otras fobias	Teleofobia
Plantas	Fobia específica Subgrupo Otras fobias	Batonofobia

Fobia	Clasificación	Nombre(s) en español
Plumas: miedo a que éstas lo toquen	Fobia específica Subgrupo Otras fobias	Pteronofobia
Pobreza	Fobia específica Subgrupo Otras fobias	Peniafobia
Poesía	Fobia específica Subgrupo Otras fobias	Metrofobia
Poliomielitis: miedo a contraerla o a los enfermos de poliomielitis	Fobia específica Subgrupo Otras fobias Fobia a las enfermedades	Poliosofobia
Políticos	Fobia específica Subgrupo Otras fobias	Politicofobia
Pollos y aves de corral	Fobia específica Subgrupo Animal	Alectorofobia
Precipicios	Fobia específica Subgrupo Ambiental	Cremnofobia

Fobia	Clasificación	Nombre(s) en español
Profundidad, lugares profundos y tenebrosos	Fobia específica Subgrupo Ambiental	Batofobia
Progreso	Fobia específica Subgrupo Otras fobias	Prosofobia
Propiedad	Fobia específica Subgrupo Otras fobias	Ortofobia
Prostitutas	Fobia específica Subgrupo Otras fobias	Ciprianofobia Cipridofobia Ciprinofobia Ciprifobia
Puentes (cruzar): algunas veces parte de la fobia a las alturas	Fobia específica Subgrupo Situacional	Gefirofobia Gefidrofobia Gefisrofobia
Puentes (y túneles)	Fobia específica Subgrupo Situacional	Gefirofobia Gefidrofobia o Gefisrrofobia Claustrofobia

Fobia	Clasificación	Nombre(s) en español
Quemado vivo (ser)	Fobia específica Subgrupo Situacional	Tafefobia Tafofobia
Químicos	Fobia específica Subgrupo Otras fobias	Quimofobia
Rabia: miedo a contraerla	Fobia específica Subgrupo Otras fobias Fobia a las enfermedades	Cinofobia Hidrofobia Kinofobia
Radiación: miedo a la radiación, rayos X, etcétera	Fobia específica Subgrupo Otras fobias	Radiofobia
Ranas	Fobia específica Subgrupo Animal	Ranidafobia
Rasguños: miedo a que lo rasguñen	Fobia específica Subgrupo Otras fobias	Amicofobia
Ratas	Fobia específica Subgrupo Animal	Zemifobia

Fobia	Clasificación	Nombre(s) en español
Ratones	Fobia específica Subgrupo Animal	Murofobia Musofobia
Recto: miedo al recto, enfermedades y afecciones de éste	Fobia específica Subgrupo Otras fobias	Proctofobia Rectofobia
Recuerdos	Fobia específica Subgrupo Otras fobias	Mnemofobia
Relaciones sexuales, ver también sexo, coito	Fobia específica Subgrupo Otras fobias	Malaxofobia Sarmasofobia
Religión y ceremonias religiosas	Fobia específica Subgrupo Otras fobias	Teleofobia Teofobia
Relojes	Fobia específica Subgrupo Otras fobias	Cronomentrofobia
Remolinos de agua	Fobia específica Subgrupo Ambiental	Dinofobia

Fobia	Clasificación	Nombre(s) en español
Reptiles	Fobia específica Subgrupo Animal	Herpetofobia
Responsabilidad: miedo a asumirla o a que se le haga responsable	Fobia específica Subgrupo Otras fobias	Hipegiafobia Hipengiofobia
Responsabilidades y deberes (incumplimiento de)	Fobia específica Subgrupo Otras fobias	Paralipofobia
Ridículo: miedo a que lo ridiculicen o a sentirse ridículo	Fobia social	Catagelofobia
Riñones (enfermedad de los): miedo a desarrollar esta enfermedad o a que otros la tengan	Fobia específica Subgrupo Otras fobias Fobia a las enfermedades	Albuminurofobia
Ríos y corrientes el agua	Fobia específica Subgrupo Ambiental	Potamofobia
Riqueza	Fobia específica Subgrupo Otras fobias	Plutofobia

Fobia	Clasificación	Nombre(s) en español
Risa	Fobia específica Subgrupo Otras fobias	Geliofobia
Robar: el miedo a robar	Fobia específica Subgrupo Otras fobias	Cleptofobia
Robo: miedo a que le roben o a los ladrones	Fobia específica Subgrupo Otras fobias	Harpaxofobia Cleptofobia
Rodillas	Fobia específica Subgrupo Otras fobias	Genufobia
Rojo (color)	Fobia específica Subgrupo Otras fobias	Ereutofobia Eritrofobia
Ropa	Fobia específica Subgrupo Otras fobias	Vestifobia
Ruborizarse: miedo a ruborizarse enfrente de la gente	Fobia específica Subgrupo Otras fobias	Ereutrofobia

Fobia	Clasificación	Nombre(s) en español
Ruido	Fobia específica Subgrupo Otras fobias	Acustifobia
Ruidos escandalosos	Fobia específica Subgrupo Otras fobias	Liguirofobia
Ruinas	Fobia específica Subgrupo Situacional	Atefobia
Rusos y su cultura	Fobia específica Subgrupo Otras fobias	Rusofobia
Sabores: miedo a probar sustancias (desagradables)	Fobia específica Subgrupo Otras fobias	Geumafobia Geumofobia
Salir solo (puede ser parte de la agorafobia)	Fobia específica Subgrupo Otras fobias	Isolofobia Autofobia
Saltar de un lugar alto	Fobia específica Subgrupo Otras fobias	Catapedafobia

Fobia	Clasificación	Nombre(s) en español
Sangre: ver sangre, donarla, sangrar por una herida accidental; con frecuencia, también a las inyecciones	Fobia específica Subgrupo del tipo sangre-inyecciones-daño	Hemofobia Hemafobia Hematofobia
Santos	Fobia específica Subgrupo Otras fobias	Hagiofobia
Sapos	Fobia específica Subgrupo Animal	Bufonofobia
Sarna	Fobia específica Subgrupo Otras fobias	Escabiofobia
Sentado (estar)	Fobia específica Subgrupo Otras fobias	Catisofobia Taasofobia
Sequedad	Fobia específica Subgrupo Otras fobias	Xerofobia
Sermones	Fobia específica Subgrupo Otras fobias	Homilofobia

Fobia	Clasificación	Nombre(s) en español
Serpientes	Fobia específica Subgrupo Animal	Ofidiofobia
Setas y hongos	Fobia específica Subgrupo Otras fobias	Micofobia
Sexo opuesto	Fobia específica Subgrupo Otras fobias	Heterofobia Sexofobia
Sexo: miedo al amor físico, al contacto con éste o a referencia a él	Fobia específica Subgrupo Otras fobias	Erotofobia Genofobia
SIDA	Fobia específica Subgrupo Otras fobias Fobia a las enfermedades	Molismofobia Molismomofobia
Sífilis	Fobia específica Subgrupo Otras fobias Fobia a las enfermedades	Luifobia Sifilofobia
Símbolos y señales	Fobia específica Subgrupo Otras fobias	Simbolofobia

Fobia	Clasificación	Nombre(s) en español
Simetría: miedo a objetos simétricos	Fobia específica Subgrupo Otras fobias	Simetrofobia
Sol: miedo a ser expuesto al sol	Fobia específica Subgrupo Ambiental	Heliofobia Fotofobia
Soledad o estar solo	Fobia específica Subgrupo Otras fobias	Autofobia Eremofobia
Solitaria o tenia (parásito del intestino del hombre)	Fobia específica Subgrupo Animal	Taeniofobia Teniofobia
Soltero (estar): miedo a quedarse soltero	Fobia específica Subgrupo Otras fobias	Anuptafobia
Sombras	Fobia específica Subgrupo Otras fobias	Esquiafobia Esquiofobia
Suegra	Fobia específica Subgrupo Otras fobias	Penterafobia

Fobia	Clasificación	Nombre(s) en español
Suegros	Fobia específica Subgrupo Otras fobias	Socerafobia
Sueño: miedo a quedarse dormido	Fobia específica Subgrupo Otras fobias	Somnifobia
Sueños	Fobia específica Subgrupo Otras fobias	Oneirofobia Onirofobia
Sueños eróticos (polución nocturna)	Fobia específica Subgrupo Otras fobias	Onirogmofobia
Sustancias cristalinas y cristales	Fobia específica Subgrupo Otras fobias	Cristalofobia
Tartamudeo: miedo a tartamudear, especialmente frente a otros; miedo a desarrollar el tartamudeo	Fobia social o Fobia específica Subgrupo Otras fobias	Pselismofobia
Teatros	Fobia específica Subgrupo Situacional	Teatrofobia

Fobia	Clasificación	Nombre(s) en español
Tecnología	Fobia específica Subgrupo Otras fobias	Tecnofobia
Telas: miedo a ciertas materias textiles; Ej. lana	Fobia específica Subgrupo Otras fobias	Textofobia
Teléfonos, así como el miedo a las voces a través del teléfono	Fobia específica Subgrupo Otras fobias	Telefonofobia Fonofobia
Temblar: miedo a temblar (lo cual es un síntoma del miedo extremo)	Fobia específica Subgrupo Otras fobias	Tremofobia
Teología	Fobia específica Subgrupo Otras fobias	Teologicofobia
Términos científicos	Fobia específica Subgrupo Otras fobias	Helenologofobia
Termitas y otros insectos que roen y destruyen la madera	Fobia específica Subgrupo Animal	Isopterofobia

Fobia	Clasificación	Nombre(s) en español
Tétanos	Fobia específica Subgrupo Otras fobias Fobia a las enfermedades	Tetanofobia
Tiempo: miedo al paso del tiempo	Fobia específica Subgrupo Otras fobias	Cronofobia
Tiranos: miedo a que lo tiranicen	Fobia específica Subgrupo Otras fobias	Tiranofobia
Títeres	Fobia específica Subgrupo Otras fobias	Pupafobia
Tocar y que lo toquen (que lo toquen)	Fobia específica Subgrupo Otras fobias	Afenfosmofobia Hafefobia Haptefobia Quiraptofobia
Topos	Fobia específica Subgrupo Animal	Zemifobia

Fobia	Clasificación	Nombre(s) en español
Toros	Fobia específica Subgrupo Animal	Taurofobia
Trabajo (o el miedo a la capacidad de trabajar)	Fobia específica Subgrupo Otras fobias	Ergasiofobia Ergofobia
Tragar: miedo a tragar o a que lo traguen	Fobia específica Subgrupo Otras fobias	Fagofobia
Tratamiento de dientes y encías	Fobia específica Subgrupo Otras fobias Fobia dental	Odontofobia
Trenes y viajes en tren	Fobia específica Subgrupo Situacional	Siderodromofobia
Triquinosis	Fobia específica Subgrupo Otras fobias Fobia a las enfermedades	Triquinofobia

Fobia	Clasificación	Nombre(s) en español
Truenos y relámpagos: miedo a las tormentas	Fobia específica Subgrupo Ambiental Fobia a las tormentas	Astrafobia Astrapofobia Brontofobia Ceraunofobia Tonitrofobia
Tuberculosis	Fobia específica Subgrupo Otras fobias Fobia a las enfermedades	Ptisiofobia Tuberculofobia
Tumbas y lápidas	Fobia específica Subgrupo Situacional	Placofobia
Vacío: miedo de habitaciones enormes y vacías	Fobia específica Subgrupo Situacional	Quenofobia
Vacunación	Fobia específica Subgrupo del tipo sangre-inyecciones-daño	Vaquinofobia
Valones (oriundos de Valonia, región de Bélgica)	Fobia específica Subgrupo Otras fobias	Valonofobia

Fobia	Clasificación	Nombre(s) en español
Varas: miedo a ser golpeado con una vara	Fobia específica Subgrupo Otras fobias	Rabdofobia
Vehículos	Fobia específica Subgrupo Otras fobias	Ocofobia
Vejez; miedo a envejecer	Fobia específica Subgrupo Otras fobias	Gerascofobia Gerontofobia
Velocidad: miedo a objetos que se mueven a alta velocidad	Fobia específica Subgrupo Otras fobias	Tacofobia
Veneno; miedo a ser envenenado o ingerir el veneno accidentalmente	Fobia específica Subgrupo Otras fobias	Iofobia Toxicofobia Toxifobia Toxofobia
Verduras, a veces tipos específicos de verdura	Fobia específica Subgrupo Otras fobias	Lacanofobia
Vergüenza (causar)	*Taijin-Kuofu-Sho* Fobia específica Subgrupo Otras fobias	Taijin-Kuofu-Sho

Fobia	Clasificación	Nombre(s) en español
Vértigo, especialmente en combinación con la fobia a las alturas	Fobia específica Subgrupo Otras fobias Fobia a las alturas	Ilingofobia
Viajes en automóvil o automóviles en sí	Fobia específica Subgrupo Situacional	Amaxofobia Motorfobia
Viajes: miedo a todo tipo de viajes por carretera	Fobia específica Subgrupo Situacional	Hodofobia
Viento	Fobia específica Subgrupo Ambiental	Ancraofobia Anemofobia
Vino	Fobia específica Subgrupo Otras fobias	Oenofobia
Violación	Fobia específica Subgrupo Otras fobias	Virginitifobia
Vírgenes y muchachas jóvenes	Fobia específica Subgrupo Otras fobias	Partenofobia

Fobia	Clasificación	Nombre(s) en español
Vómito: miedo a vomitar, especialmente en presencia de otros	Fobia social o Fobia específica Subgrupo Otras fobias	Emetofobia
Zurdo: miedo a los zurdos	Fobia específica Subgrupo Otras fobias	Sinistrofobia

Capítulo 7

Fobia específica, tipo animal

Fobia específica

La fobia específica se divide en cinco subgrupos:

1. Fobia animal.
2. Fobia ambiental.
3. Fobia de tipo sangre-inyecciones-daño.
4. Fobia situacional.
5. Otras fobias.

La primera fobia de estos subgrupos, la fobia animal, conforma un subgrupo muy importante de fobias específicas debido a diferentes causas.

Fobia específica, tipo animal

Primeramente, las fobias animales son muy frecuentes: los estudios indican que cerca del cuarenta por ciento de las personas con fobia específica le tienen fobia a los animales. Dentro de este grupo, la causa más frecuente de miedos fóbicos es el miedo a los bichos (insectos y arañas), serpientes, ratones y murciélagos; por este motivo, ésta es la fobia más común de todas. Por citar un ejemplo, cuando usted esté leyendo este libro pensará, por lo menos, en algún familiar o amigo que tenga una fuerte aversión a las arañas o que les teme, lo cual lo clasifica notoriamente como fóbico. Al parecer, las fobias animales —en especial a la categoría de los bichos, las serpientes, los ratones y murciélagos— son de alguna manera más comunes en las mujeres que en los hombres; se presentan en la infancia y la edad promedio cuando aparecen por primera vez es alrededor de los siete años.

En segundo lugar, este subgrupo es probablemente la fobia que más se ha estudiado de todas. Gracias a esta clase de fobia, se han obtenido teorías sobre el origen, desarrollo, mecanismos y procesos conductual-cognitivos que se pueden aplicar a todas las fobias. A través de la vasta comprensión de estos procesos y de estudios que se están realizando, continuamente se han ido mejorando y probando tratamientos más sofisticados, lo cual puede ser benéfico para todos los fóbicos y no sólo para los que padecen fobias específicas. Uno de los desarrollos más prometedores ha sido la creación de tratamientos de sesión única que han dado buenos resultados, en especial para las fobias animales.

Síntomas

Al igual que en las otras fobias, la persona con fobia animal siente un miedo intenso, irracional e irrazonable cuando confronta el sujeto temido y puede sobrellevar su presencia con gran dificultad. Así, el miedo puede producir respuestas psicológicas e inducir síntomas de pánico. La naturaleza del miedo en la fobia animal ha sido tema de análisis profundo y, al parecer, han surgido diversos factores. Independientemente de las primeras razones que haya detrás del desarrollo de la fobia, el miedo parece estar relacionado con una serie de creencias falsas (erróneas), pues son factores cognitivos que interactúan unos con otros. Dichas ideas son:

- Creencias relacionadas con el animal en sí y el daño que es capaz de ocasionar a la persona, ya sea por medio de alguna forma de ataque u otros medios, como lo son las enfermedades y la contaminación.

- Creencias sobre las consecuencias que pueden traer para las personas al momento del contacto con el animal; en otras palabras, la pérdida de control físico o mental, la impotencia, los ataques de pánico o desmayos. La persona cree que estas respuestas serán atroces para ella y esto puede agudizar su ansiedad, así como las respuestas fisiológicas, dando pie a que se fortalezcan unas con otras. Desde el punto de vista fóbico, cualquiera de estos resultados facilitaría el ataque del animal, por lo que se puede llegar a pensar fácilmente que estas creencias se corroboran entre sí.

- Creencias de que si la persona se confronta al animal, quedará atrapada y no será capaz de escapar, ya sea en un sentido físico real o debido a su impotencia e incapacidad para actuar o lidiar con la situación. Al parecer, cuanto menos crea una persona en su capacidad para sobrellevar la situación, más decidida será a evadir un estímulo fóbico.

Desarrollo

Los estudios de escritos históricos, particularmente los de los médicos y científicos de la Antigua Grecia y Roma, revelan que las fobias animales han aquejado a la humanidad por varios años y, de vez en cuando, se siguen haciendo referencias a través de los siglos. No obstante, las fobias animales empezaron a ser de interés médico y científico a partir de los siglos XIX y XX, y continúan siendo objeto de estudio y debate en la actualidad.

Al igual que en todos los casos de fobia, la evasión es una característica clave de las fobias animales, pero la medida en la que interfiere con la vida cotidiana depende, en gran medida, de la presencia del sujeto temido. Por ejemplo, es factible que una persona que tiene fobia a las serpientes y que vive en la Gran Bretaña tenga pocos inconvenientes en cuanto a las consecuencias de su fobia, pues es raro que se vean serpientes salvajes en ese país, incluso para la gente que vive en el campo; aunque cada vez es más común tener reptiles como mascotas, es relativamente fácil evitar encuentros fortuitos con serpientes. Es más ordinario ver ratones y murciélagos, pero aun así es más probable que para la mayoría de las personas sea una experiencia ocasional a una situación de todos los días.

De manera contraria, es certero que con frecuencia se encuentren aves, insectos, arañas, perros y gatos; se puede prever que el tratar de evitar encuentros inesperados con cualquiera de estos animales podría afectar significativamente la vida cotidiana del fóbico. Como ya se ha analizado, la conducta de evasión (o mecanismo de defensa llevado a su máxima potencia) protege a la persona de experiencias de miedo muy desagradables, pero al mismo tiempo impide toda posibilidad de enfrentar o curar la fobia.

Capítulo 8

Fobia específica, tipo animal: fobia a las arañas

La fobia a las arañas es uno de los tipos más comunes de fobias animales y, por lo general, surge en la infancia antes de los diez años. A pesar de que esta fobia se ha estudiado a fondo y de que se han propuesto muchas teorías sobre los mecanismos subyacentes, han surgidos pocos hechos innegables. No obstante, dos factores relacionados con las características físicas de las arañas —la forma como se mueven, en especial lo impredecible de su movimiento, así como su apariencia— parecen ser relevantes.

Síntomas

Se ha realizado un debate a fondo sobre la función de las respuestas emocionales de repugnancia y asco por la adquisición y la preservación de fobias animales. Esto se ha estudiado en relación con la fobia a las arañas, pero al tiempo que algunos especialistas han obtenido resultados que indican que el asco es relevante, otros opinan lo contrario.

Cabe mencionar que los casos de los que se tiene conocimiento parecen indicar que mucha gente en realidad no tiene fobia a las arañas, sino que las considera repulsivas y tiene dificultad para agarrarlas si no es con la ayuda de un guante o una servilleta.

Por ejemplo, la gente con frecuencia considera que las arañas son más feas en comparación con las mariposas, pues es más probable que se les defina a éstas últimas como hermosas y llenas de colorido (aunque incluso las mariposas también pueden ser objetos de fobias). Esto puede sugerir que las respuestas emocionales hacia las arañas son fundamentales para algunos fóbicos, incluso si esa clase de arácnidos no es el factor principal de la fobia.

Desarrollo

En el Capítulo 21 se habla sobre el desarrollo y la aparición de las fobias en las personas, pero en este momento se considera relevante comentar sobre la función que desempeñan las experiencias adversas en la fobia a las arañas, lo que algunas veces se llama condicionamiento. En breve, una experiencia adversa se puede definir como una especie de encuentro directo único con el animal (estímulo) durante el cual la persona se siente muy asustada. En las fobias animales, estas experiencias casi siempre suceden en la infancia. Se ha realizado un sinnúmero de encuestas sobre fóbicos a las arañas y, a pesar de que existe una diferencia en cuanto a los números, sólo algunos de los encuestados recuerdan una desagradable experiencia concreta con una araña. Un número menor expone condicionamiento indirecto; es decir, son los padres, la familia o los amigos los que les temen a las arañas. A menudo no es posible recordar alguna experiencia de condicionamiento, por lo que la persona manifiesta haber tenido la fobia desde que tiene uso de razón.

Tratamiento

Como se observa en el análisis general sobre las fobias animales, las características más importantes que ocasionan que el fóbico a las arañas siga temiéndoles son sus creencias equívocas (factores cognitivos), los cuales interactúan y se refuerzan unos con otros: la forma como las arañas se comportan, el daño que sufrirá si se le confronta con el animal, y si será capaz de sobrellevar la situación o escapar de ella. La persona puede temer que pierda el control física y mentalmente, ponerse histérica, tener un ataque de pánico o experimentar un nivel de ansiedad tan extremo que pueda provocarle un ataque cardiaco y llevarla a la muerte.

En suma, los tratamientos modernos se concentran en enfrentar y cambiar las suposiciones erróneas del fóbico, mediante una combinación de terapias conductual y cognitiva (ver p. 238), lo que da como resultado la disminución o desaparición de la fobia.

Los tratamientos conductual-cognitivos para la fobia a las arañas consisten en tres elementos principales:

- análisis e intercambio de información,
- modelado (también llamado imitación),
- exposición gradual programada y progresiva hasta lograr que el paciente no tenga problema alguno para agarrar arañas.

Análisis e intercambio de información

En primer lugar, el aspecto de análisis e intercambio incluye una entrevista inicial con el paciente, con el fin de delimitar la naturaleza exacta de sus creencias en cuanto a las arañas y cómo reacciona ante ellas en sentido conductual y fisiológico (por ejemplo, si experimenta síntomas de pánico).

Posteriormente, se examina y analiza a detalle la naturaleza exacta de todos estos aspectos; el terapeuta estimula al paciente para que éste las enfrente en sentido intelectual a través de una preparación para que aprenda a ver a las arañas desde otro ángulo. En segundo lugar, el análisis permite obtener una explicación de lo que ocurrirá durante el tratamiento y las metas que el paciente, con la ayuda del terapeuta, podrá alcanzar. En esta etapa, es indispensable la cooperación absoluta y el consentimiento del paciente que se puedan obtener, lo cual casi siempre incluye un estudio a fondo de las preocupaciones de cada paciente, en relación con el tratamiento y su capacidad para sobrellevar la situación. El segundo y tercer elementos conciernen la sesión de tratamiento en sí.

Modelado

El modelado nos remite a la forma en la que primero el terapeuta pone en práctica cierta técnica, mientras que el paciente sólo funge como observador; es decir, el terapeuta modela el proceso para mostrar cómo se pueden alcanzar resultados positivos. Después, el terapeuta ayuda al paciente para que éste realice la técnica por sí mismo. En el caso de la fobia a las arañas, el modelado por lo general incluye ciertas formas de contacto directo o indirecto con una araña.

Exposición gradual, programada y progresiva

La exposición gradual, programada y progresiva hace referencia a una serie de etapas en las que el contacto con las arañas se intensifica bajo estricta planeación y control. El paciente debe completar una etapa —por lo general en repetidas ocasiones y sin problemas— con una cantidad reducida de ansiedad antes de avanzar a otros grados de exposición más intensos. Algunos terapeutas han mejorado la técnica a tal punto que son capaces de ofrecer tratamientos de sesión única con una duración hasta de tres horas.

Sin embargo, los que ponen en práctica este método enfatizan que éste debería considerarse como el punto de partida para medidas de autoayuda que estén en curso. A menudo, la sesión del tratamiento se filma; ver la grabación es parte del programa de autoayuda para que el paciente recuerde en cada momento cuánto ha mejorado. De este modo, el aspecto más importante de la autoayuda es ya no evadir más a las arañas o los lugares donde puedan aparecer, y convertirse en el miembro de la familia al que siempre le piden que las saque de la casa.

Capítulo 9

Tratamiento de sesión única de la fobia a las arañas

En un capítulo posterior se habla *grosso modo* de los tratamientos de la fobia; no obstante, consideramos apropiado hacer en este punto una descripción puntual sobre el tratamiento de sesión única para la terapia de fobia a las arañas como ejemplo de todo el método en sí.

Como se mencionó anteriormente, la etapa inicial (la cual puede significar el primer contacto entre el terapeuta y el paciente) consiste en una entrevista que dura alrededor de una hora en la que se determinan la naturaleza exacta de las creencias fóbicas del individuo, así como su comportamiento.

A esto se le puede llamar entrevista de análisis conductual, a través de la cual el terapeuta obtiene datos relevantes que le permiten ajustar la información y las instrucciones previas a la terapia, así como el tratamiento, de manera que sean adecuados para el individuo.

Dependiendo del tiempo del que se disponga, se puede realizar un análisis durante el cual se pongan en tela de juicio las creencias distorsionadas del paciente sobre las arañas, al igual que sus propias habilidades para sobrellevar la situación, mediante los objetivos del tratamiento que se está aplicando. Por otra parte, si se pretende que el tratamiento sea exitoso, es preciso que el terapeuta y el paciente entablen una relación que les permita trabajar en equipo; así, se logrará manejar el problema con cuidado y experiencia.

La siguiente etapa es un análisis del tratamiento previo en la que se exploran más a fondo los factores antes mencionados, y se le informa al paciente lo que sucederá durante el tratamiento. En concreto, este análisis debe abarcar tres aspectos clave:

- Disipar los miedos que el paciente casi siempre tiene en cuanto al tratamiento.

- Confirmar que el paciente comprende al cien por ciento el concepto de exposición gradual, así como las tareas que él y el terapeuta emprenderán juntos. También deberá asegurarse de que se ha explicado y entendido el objetivo del tratamiento, el cual consiste en que el paciente pueda, por lo general, atrapar una araña usando un vaso o un pedazo de cartón y ponerla afuera de la casa. La persona debería ser capaz de hacer esto todos los días sin la ayuda de nadie más.

- Asegurarse de que el paciente entienda por completo que debe trabajar y cooperar con el terapeuta, además de confiar en él, pues el paciente forma la mitad del equipo y el terapeuta la otra mitad. Después de haber aceptado esta responsabilidad, se le pide al paciente que se comprometa con la sesión del tratamiento.

Disipación de los miedos del fóbico

De modo característico, el fóbico a las arañas presenta dos formas de ansiedad en cuanto al tratamiento: en primer lugar, en repetidas ocasiones el paciente teme que las tácticas para provocar miedo en las personas, consistan en encerrar a la persona en una habitación llena de arañas o que de pronto le avienten una. Así, se hace énfasis en la importancia de una buena relación entre paciente y terapeuta, ya que el paciente tiene que creer y confiar en la aseveración del terapeuta de que esto nunca sucederá; de que todo lo que ocurra durante el tratamiento está completamente planeado, y de que sólo puede proceder con su consentimiento.

En segundo lugar, el fóbico a las arañas casi siempre está preocupado por el alto grado de ansiedad que presentará en el tratamiento, que quedará deshecho y no podrá sobrellevar la situación o, incluso, tener un ataque cardiaco. El terapeuta podrá refutar estas creencias médica o intelectualmente al tratar de ayudar al paciente a entender que, aunque los síntomas de pánico son terribles, no provocan un daño físico.

Por otra parte, a menudo se emplea un enfoque diferente: se le pide a la persona que recuerde la peor experiencia de miedo que haya tenido en relación con arañas. Se le pide que califique su miedo a las arañas en una escala del 1 al 100 con base en las Unidades Subjetivas de Perturbación (SUDs, por sus siglas en inglés); a la experiencia más aterradora le dan una calificación de 100 SUDs. Entonces, el terapeuta le explica que esta calificación se presenta en una exposición incontrolable, verídica y no planeada, ante una araña o más. En contraste, el tratamiento se planea cuidadosamente con el paciente, quien controla la situación y autoriza todo lo que suceda, por lo que las SUDs de la persona durante el tratamiento quedarán delimitadas a un número mucho menor al de su peor experiencia a la cual sobrevivió. En este sentido, se instruye y alienta al paciente para que piense que aunque puede llegar a sentir ansiedad, su habilidad para afrontar la situación no se verá afectada. Asimismo, se puede hacer hincapié en el paciente de que el objetivo del tratamiento no es desaparecer la ansiedad, sino lograr disminuirla considerablemente como una consecuencia de que se haya completado el tratamiento con éxito.

Explicación de la exposición programada y objetivos del tratamiento para la persona fóbica

A pesar de que el principio de la exposición programada se puede explicar con relativa facilidad, el terapeuta puede no revelar detalladamente lo que implican las etapas posteriores. Esto se debe a que el paciente no cree que pueda superar la situación fóbica sino hasta que comienza el proceso del tratamiento y completa con éxito cada etapa; en otras palabras, es imprescindible cumplir con el tratamiento para modificar las creencias preestablecidas.

Lo mismo sucede con las explicaciones sobre los objetivos del tratamiento: en efecto, se informará al paciente que su meta personal es ser capaz de atrapar una araña con un vaso o un pedazo de cartón y sacarla de la casa. Es poco probable que le comuniquen que el objetivo del terapeuta al final de la sesión del tratamiento es que el paciente sea capaz de tener a una o dos arañas caminando por su cuerpo, ya sea en sus manos o que no las vea pero que sí las sienta.

Ocultar información, si ese es el caso, puede ser justificable por dos razones: una, es probable que el paciente no aceptaría terminar todo el tratamiento si supiera cuál es el objetivo final y, por lo tanto, no se le podría ayudar a superar su fobia; dos, el grado de ansiedad de la persona se dispararía y sus pensamientos estarían enfocados en el objetivo final, incluso durante las primeras etapas de la exposición programada. Esto interferiría con su habilidad para llevar a cabo las tareas del tratamiento y reduciría la oportunidad de lograr resultados exitosos.

Cabe mencionar que el tratamiento de la fobia a las arañas ha tenido gran éxito; además, normalmente el paciente queda muy satisfecho y agradecido por los resultados, por lo que en este caso "el fin justifica los medios".

Explicación de la estrategia del trabajo en equipo

El terapeuta se cerciora de que la persona comprenda por completo el concepto de modelado y de que nada ocurre sin su absoluto consentimiento y cooperación. Se hace especial énfasis en el hecho de que el tratamiento consiste en el trabajo en conjunto entre terapeuta y paciente. Una vez que ambas partes están convencidas de que todo se ha analizado y entendido, se le pregunta al paciente si está de acuerdo en seguir con el tratamiento. Justo antes de que éste comience, se pide al paciente que repita al terapeuta en qué consiste el tratamiento, con el fin de corroborar que no existe la mínima posibilidad de malentendidos.

Se hace un análisis a lo largo del tratamiento para monitorear qué tanto han cambiado las creencias, las emociones, así como el grado de ansiedad del paciente. Por otra parte, es común que se empleen arañas de diferentes tamaños; por ejemplo, se coloca a la araña más pequeña en un contenedor grande de plástico transparente, y el terapeuta enseña al paciente cómo atraparla con un vaso o un pedazo de cartón; después, se pide al paciente que lo haga él mismo con la guía del terapeuta.

Por lo general, el proceso se repite varias veces hasta que la persona se sienta segura al hacerlo. La última vez que lo realice, se pedirá al paciente que acerque el vaso lo más que pueda a su cuerpo o cara, examine a la araña y la describa como lo haría a un invidente de nacimiento. Esta técnica casi siempre permite que el miedo disminuya.

Posteriormente, se regresa la araña al contenedor, y se pregunta al paciente lo que cree que haría si metiera la mano al contenedor; la mayoría de las respuestas coincide con que la araña se le subiría a la mano, al brazo y se perdería entre su ropa. Enseguida, el terapeuta le demuestra que esa no es la reacción de una araña, mientras la toca suavemente con su dedo. De hecho, ya sea que la araña huya o se quede inmóvil; si la acción se repite, se cansa con rapidez y se da por vencida.

El siguiente paso es pedir al paciente que toque a la araña. Esto es indispensable para demostrarle que la reacción hacia el paciente no será diferente, y así empezar a modificar sus creencias fóbicas equívocas en cuanto a estos arácnidos. Para alcanzar este objetivo, tal vez sea necesario que el paciente primero la toque con lápiz o pluma, guiado por la mano del terapeuta; el paciente puede corroborar por sí mismo que la araña huye o se cansa. Sigue repitiendo el proceso hasta que se siente seguro y su ansiedad disminuye; una vez que se siente listo, se le pide que toque a la araña: primero, con la guía casi imperceptible de la mano del terapeuta y, después, solo.

Una vez más, el paciente por lo general se sorprende de descubrir que la araña no tiene interés alguno en caminar por su cuerpo, sino que su único anhelo es que la dejen en paz. La siguiente etapa es la más difícil desde el punto de vista del paciente, pues esto incluye sacar a la araña del contenedor y dejarla caminar en sus manos. El terapeuta primero le enseña cómo deja que la araña pase de una de sus manos a la otra, y le demuestra que puede controlar la velocidad de sus movimientos. Con el apoyo del terapeuta, el paciente se siente alentado para poner un dedo, con el nudillo hacia abajo, en la palma del terapeuta y deja que la araña camine por él; una vez que el proceso se completado con seguridad, poco a poco se van poniendo más dedos.

Con el tiempo, el paciente le permitirá a la araña que camine por toda su mano y después se la pasará otra vez al terapeuta. Así, cuando esté listo, se le alienta para permitir que la araña camine entre sus dos manos, primero con la ayuda del terapeuta y al final solo. Enseguida, el terapeuta le demuestra que si deja que la araña camine desde la palma de una mano hasta el codo, su dirección todavía se puede controlar con la otra mano, y así no desaparecerá entre su ropa. Ahora, se pide al paciente que lo compruebe por sí mismo, primero con la guía del terapeuta y después solo.

De este modo, todas estas etapas se repiten con cada una de las arañas —por tamaño— y duran todo el tiempo que sea necesario. Al final de la sesión, el paciente tiene tanta confianza en sí mismo como para manejar a las arañas con poco miedo o sin él hasta el punto de permitir que un arácnido camine por su cuerpo sin que pueda verla, o que al mismo tiempo caminen dos por sus manos. En este momento, el paciente ha logrado mucho más del objetivo establecido de ser capaz de atrapar una araña con un vaso; su miedo fóbico ha disminuido considerablemente y ya no alberga creencias equívocas sobre las arañas, ni pensamientos catastróficos relacionados con encuentros con ellas. Con la ayuda de la grabación de la sesión, la persona es capaz de poner en práctica en todo momento lo que ha aprendido durante el tratamiento.

Capítulo 10

Fobia específica, tipo animal: fobia a los perros

La fobia a los perros ocupa un lugar relativamente común entre las fobias animales; por lo general, se adquiere en la infancia antes de los diez años. No es de extrañar que los niños pequeños sientan cierto miedo por este tipo de animales, sobre todo cuando se trata de perros grandes y escandalosos, los cuales, incluso cuando son amigables, deben parecer físicamente aterradores a un pequeño. No obstante, la mayoría de los niños les pierden el miedo conforme van creciendo y teniendo más experiencia con los perros.

Síntomas

Al igual que en otras fobias animales, los fóbicos experimentan miedo extremo e irracional en relación con los perros, lo cual por supuesto implica una desventaja en la vida diaria, dado que es normal que uno se encuentre a estos animales en casi todas las partes del mundo. Es factible que la mayoría de la gente que reside en las Islas Británicas espere encontrarse a un perro en algún lugar fuera de su casa o jardín, si no todos los días, por lo menos sí en repetidas ocasiones. Por ende, es fácil deducir que la fobia a los perros puede provocar una angustia considerable, ya que en otras fobias animales la condición tiende a ser más duradera y persistente, pero en la mayoría de los casos es susceptible de tratamiento.

Desarrollo

Los estudios indican que por lo menos la mitad de dos tercios de fóbicos a los perros pueden recordar una situación aterradora, y casi siempre dolorosa, como el motivo de su fobia. Sin embargo, entre los grupos control[6] de no fóbicos, un número similar recuerda una desagradable experiencia con perros: la mayoría de los casos está relacionada con heridas de algún tipo, ya sea mordidas, ya rasguños o caídas provocadas por el ataque.

Parece que la diferencia entre los dos grupos radica en sus expectativas en relación con encuentros fortuitos con los caninos. El fóbico invariablemente espera sentir miedo o pánico extremos o, bien, daño físico por el ataque. A pesar de haber tenido experiencias negativas, las personas

---

[6] Grupo de personas que participa en el mismo experimento que otro grupo, pero no lo somete a la variable que se está investigando; sólo se usa para compararlo con el grupo experimental. (N. del T.)

que no les tienen fobia a los perros no esperan tales resultados de un encuentro fortuito, aunque es probable que algunos admitan haber sentido cierto grado de tensión en función de las circunstancias individuales, tales como el comportamiento del perro.

Una vez más se concluye que las expectativas, así como las creencias del fóbico a los perros, son las que preservan la fobia. Asimismo, tal como sucede con la fobia a las arañas, dichas expectativas y creencias entran dentro de las dos categorías de la primera experiencia vivida del fóbico, en la cual hay sentimientos de miedo, pánico, angustia e incapacidad para lidiar con su expectativa del daño físico que le puedan causar los perros. Otros factores que están relacionados con la fobia son: los movimientos del perro, su apariencia, sus ladridos y gruñidos, así como la sensación al contacto con su pelo.

Tratamiento

La mejor opción para el tratamiento de la fobia a los perros es la exposición gradual, y ésta puede incluir sesiones únicas o múltiples o como un programa de autoayuda. No obstante, es imprescindible que los perros que se escojan para el tratamiento estén bien entrenados y sean amigables, para que se pueda tener la seguridad de que nunca van a responder agresivamente, pues es bien sabido que los animales caseros son muy sensibles y son capaces de reconocer el miedo en los humanos. El miedo puede provocar que un perro tímido reaccione en apariencia agresivo como un mecanismo de defensa —ladridos, pelo levantado, encogimiento de la cola entre las patas—, lo que puede despertar muchas emociones, menos la de pensar que está siendo amigable.

Resulta evidente que un fóbico primero tiene que sentirse cómodo con la compañía de perros tranquilos y bien portados para que disminuya el miedo. Una vez que esto se ha logrado, la persona se sentirá más segura de sobrellevar la situación fóbica si tiene encuentros fortuitos con ellos. Por ejemplo, aprenderá que casi siempre los perros que están paseando en la calle pueden ignorarlo por completo o acercarse a un extraño sólo si éste es amigable o sociable con él. En los encuentros más preocupantes, el perro por lo general ladra continuamente, ya que está asustado. La mayoría de las veces resulta innecesario que la persona se acerque al perro, pero se le puede enseñar lenguaje corporal que no muestre amenaza; por ejemplo, evitar ver a los ojos al animal.

Como el fóbico pudo haber descubierto, experimentar el ataque físico directo de un perro afortunadamente no es común, pero la posibilidad no se puede descartar por completo. El objetivo del tratamiento debería ser lograr que la persona presente un grado mínimo de ansiedad o la falta de ésta en encuentros cotidianos con perros. El enseñar a la persona a entender el comportamiento de los perros y cómo modificar su propio comportamiento, en caso de ser necesario, disminuye el riesgo de una experiencia desagradable y aumenta la confianza de la persona.

Capítulo 11

Fobia específica, tipo ambiental

Es muy difícil de encontrar hechos y cifras sobre la fobia ambiental; quizá este subgrupo en particular sea menos accesible para su estudio, puesto que los pacientes con este tipo de fobia rara vez acuden con el médico. Según parece, la mayor parte del conocimiento en cuanto a este grupo se obtiene mediante conjeturas más que con hechos. Por ejemplo, es común que los niños pequeños le tengan miedo a los truenos y relámpagos de una tormenta, sobre todo durante la noche, por lo que se refugian en la cama de sus padres. Sin embargo, mientras que muchos logran superar este miedo, se desconoce el número de niños que desarrollarán fobia a las tormentas. Además, es más común desarrollar este tipo de fobia a una edad tardía.

Síntomas

Las fobias específicas, tipo ambiental conforman un amplio grupo que abarca una extensa gama de estímulos fóbicos, los cuales incluyen características del paisaje tales como bosques, cuevas, cavernas, así como espacios de aguas naturales —mares, lagos, ríos, cascadas, vorágines, etcétera—. Aunado a ello, se encuentran fenómenos climáticos como las tormentas (truenos y relámpagos), niebla, lluvia, granizo o nieve. Casi cualquier fenómeno natural puede ser sujeto de algún miedo fóbico, sobre todo en los niños.

Desarrollo

Para poder considerar las fobias ambientales es necesario analizar más a fondo los dos aspectos siguientes: la naturaleza del miedo fóbico y las razones de su desarrollo. Un factor clave en las fobias es que el miedo provocado es irracional y no corresponde al grado de la posible amenaza representada por un estímulo.

Sin embargo, no cabe duda de que algunos fenómenos naturales que pueden ser la causa de la fobia sí son peligrosos, por lo que hasta cierto punto se puede entender dicho temor. Tomemos el ejemplo de las tormentas con relámpagos en forma de zigzag: aunque esto no sucede a menudo, casi cada año una persona muere a consecuencia de que les haya caído un rayo de ese tipo; en otros casos la muerte o lesión es indirecta pues la tormenta eléctrica cayó en árboles o edificios y pedazos de éstos les cayeron encima. Cuando existe conciencia de estos peligros, muy pocas personas se atreverían a salir a lugares abiertos durante la tormenta y reconocerían haber sentido temor, en cierta medida, bajo tales circunstancias.

Del mismo modo, es comprensible que la gente sienta temor o algo de miedo al mar, en especial cuando hay mal tiempo, ya que las probabilidades de sobrevivencia son mínimas en caso de caer accidentalmente en el agua. Además, mucha gente experimenta un temor similar cuando se encuentra entre la niebla o va caminando por un bosque oscuro, sobre todo si están solos. En este caso, el miedo puede provenir de algún peligro desconocido que pudiera estar acechando en la niebla o bosque.

Los cineastas han tomado ventaja del hecho de que todos estos miedos constituyen una característica común del ser humano. Sin duda alguna, usted podría estar pensando en ejemplos de películas de terror o suspenso en las que se han empleado tormentas, niebla, bosques oscuros o mares embravecidos, junto con música ambiental *ad hoc* para provocar gritos de terror en el público. Por supuesto, el miedo fóbico es mucho más intenso, extremo y angustiante que el miedo manipulado; no obstante, en relación con las fobias ambientales, es fácil comprender cómo el grado leve de ansiedad que se experimenta comúnmente pudiera, por alguna razón, convertirse en un miedo fóbico desmesurado.

Las fobias ambientales se prestan, por lo menos a primera vista, para algunas teorías y modelos actuales del desarrollo que se consideran relevantes para la adquisición de fobias. Estas teorías y modelos se describen con detalle en el Capítulo 21; aunque también es factible que, al igual que con muchas fobias, varios factores estén en juego.

Tratamiento

A menudo, mucha gente con fobias ambientales no recurre a tratamiento y sobrellevan el miedo evitando su estímulo. Cuando se requiere tratamiento, la mejor opción es la exposición gradual aunque resulta difícil reproducir estos factores ambientales en clínicas. Una forma de lograr esto es mediante películas de tormentas, por ejemplo, determinar y tratar de cambiar las creencias del paciente acerca de dichos fenómenos naturales. Es obvio que no se pueda llevar a cabo una tormenta real, por lo que probablemente la mejor opción sea planear un programa de autoayuda al que el paciente pueda recurrir en la siguiente tormenta. Si se puede tener acceso a la característica temida, tal es el caso de un bosque, es posible crear un programa de autoayuda basado en la exposición gradual, quizá con la ayuda de un familiar o amigo.

Capítulo 12

Fobia específica, tipo sangre-inyecciones-daño

Diversos estudios han reportado que un alto índice de fóbicos a sangre-daño (cerca del setenta por ciento) también sufren de fobia a las inyecciones. Por el contrario, un bajo número de personas que padecen fobia a las inyecciones como problema primario, también presentan fobia de tipo sangre-daño (alrededor del treinta por ciento). Así, aunque la fobia a las inyecciones puede presentarse sola, es común que se le asocie con la fobia de tipo sangre-daño. Además, la mayoría de las personas con fobia de tipo sangre-daño tienen, al mismo tiempo, fobia a las inyecciones como parte de su afección. Se sabe con precisión que la fobia de tipo sangre-inyecciones-daño tiene un impacto significativo y potencialmente muy peligroso en la vida diaria.

Síntomas

La gente con fobias de tipo sangre-daño sufre de ansiedad extrema al ver sangre. Por otra parte, la ansiedad se desencadena no sólo cuando presencian el daño accidental de una persona, sino también en situaciones controladas; por ejemplo, cuando le sacan sangre a alguien, cuando se trata de una donación o un proceso quirúrgico. El miedo es igual de agudo si el fóbico es el que está sangrando; las personas con esta fobia son extremadamente ansiosas ante el hecho de saber que les pueden causar daño. Para los fóbicos a las inyecciones es casi imposible estar bajo tratamientos médicos que impliquen la inserción de una aguja médica, debido a su miedo extremo; del mismo modo, les cuesta trabajo asimilar esto cuando otras personas siguen ese tipo de tratamientos. Los fóbicos le temen a las campañas de vacunación, así como a cirugías menores, por lo que las evitan; además, pueden incluso rehusarse a seguir cierto tratamiento necesario para algún problema médico subyacente. Aunado a ello, el fóbico casi siempre experimenta una considerable ansiedad más allá de la situación fóbica, en relación con su supuesta inhabilidad para ayudar a alguien si éste está herido. Esta ansiedad se torna mucho más aguda si la persona fóbica tiene niños pequeños que dependen de su ayuda.

Asimismo, a los fóbicos de tipo sangre-inyecciones-daño les preocupa no poder salvaguardar su salud: algunos nunca acuden al médico aunque les preocupe su salud; otros evitan por completo pararse por un hospital, incluso si se trata de visitar a algún familiar o amigo enfermo, o no ven televisión o películas por miedo a ver imágenes de gente lastimada. Sólo a un pequeño porcentaje de mujeres les da miedo embarazarse debido a su fobia. En contraste con algunos otros tipos de fobias específicas, el simple hecho de evitar situaciones temidas no es suficiente para deshacerse de la ansiedad y permitir a la persona tener una vida normal.

Característica única: desmayos

Una característica relativamente única de la fobia de tipo sangre-inyecciones-daño es la alta incidencia de desmayos que experimentan los fóbicos ante exposiciones al estímulo temido. En cualquier ejemplo particular de este tipo de fobia, el setenta por ciento o más de los fóbicos reportan desmayos que ocurren, por lo general, en repetidas ocasiones. En términos médicos, este tipo de respuesta se conoce como síncope vasovagal o desmayo emocional, y ocurre como resultado de una actividad semejante a un reflejo en el sistema nervioso parasimpático.

En esencia, los impulsos eléctricos en las fibras parasimpáticas del nervio vago que suministran al corazón causan bradicardia[7] (disminución de las pulsaciones), hipotensión (disminución en la presión sanguínea), isquemia e hipoxia cerebrales (reducción del suministro de sangre al cerebro y una consecuente falta momentánea de oxígeno al mismo); todas estas consecuencias se presentan en tan sólo unos cuantos segundos de pérdida del conciencia. En un pequeño porcentaje de fóbicos se han reportado periodos de asistolia cardiaca (ausencia de actividad eléctrica del

---

[7] Ritmo cardíaco menor a 60 latidos por minuto. (N. del T.)

corazón registrada en el ECG[8]) que duran varios segundos durante el desmayo.

Por otra parte, existe un notorio contraste entre los desmayos emocionales y las reacciones fisiológicas vividas por la mayoría de los fóbicos específicos. El desmayo emocional consiste en una respuesta aguda en el sistema nervioso simpático que provoca taquicardia (pulsaciones aceleradas) e hipertensión (incremento en la presión sanguínea), junto con una posible serie de síntomas de miedo.

La mayoría de las veces, los estudios han revelado una alta incidencia en desmayos (setenta por ciento o más) entre los fóbicos de tipo sangre-inyecciones-daño durante la exposición al estímulo temido. No obstante, cabe señalar que el desmayo también es muy común entre los donadores de sangre que desconocen ser fóbicos; este tipo de personas constituye alrededor de un cinco por ciento. Los lectores que donan sangre sabrán que los monitorean para que no vayan a sufrir desmayos después de la donación, mas no existe ninguna razón médica justificable para desmayarse.

De igual manera, se han reportado desmayos emocionales e incluso asistolia cardiaca durante otros procesos médicos; por lo general ocurren cuando los procesos son de tipo invasor, tales como la dilatación en el cuello del útero, examen rectal de la glándula de la próstata, así como la inserción por cateterismo cardiaco.[9]

[8] Electrocardiograma: prueba que registra la actividad eléctrica del corazón. (N. del T.)
[9] Es una intervención que involucra la introducción de un catéter (un tubo fino y flexible) dentro del lado derecho o izquierdo del corazón. Este procedimiento

Los desmayos también pueden ocurrir inesperadamente en otras situaciones: cuando hay un vacío repentino de la vejiga (en especial entre los hombres durante la noche), al pararse muy rápido, cuando se está mucho tiempo de pie o se sumerge la cara en agua.

Por otra parte, existen otros dos aspectos de la fobia de tipo sangre-inyecciones-daño de especial interés: primero, muchas personas con esta fobia tienen a algún familiar que también la padece, lo que hace pensar a los expertos que hay un factor genético en juego; segundo, las respuestas emocionales de aversión y repulsión pueden estar relacionadas, y se ha sugerido que un agudo sentido de disgusto puede ser responsable, en parte, de activar respuestas parasimpáticas que devienen en desmayos emocionales, aunque aún faltan investigaciones por realizar para la confirmación de dicho diagnóstico.

No obstante, en este contexto cabe resaltar que muchas personas que en realidad no son fóbicas experimentan repulsión y un cierto grado de ansiedad al ver sangre, sobre todo si se trata de una persona lesionada, herida o que esté sangrando. Así, intentan evitar imágenes violentas y catastróficas en la televisión o en películas pues los perturban, por lo que les es difícil deshacerse de ellas. A menudo, se reportan tales respuestas tanto en niños como en adultos; por lo tanto, parecería que las fobias de tipo sangre-inyecciones-daño son el extremo de todo miedo humano.

se realiza, generalmente, para obtener información diagnóstica sobre el corazón o los vasos sanguíneos, así como para permitir intervenciones terapéuticas en ciertos casos de enfermedades cardíacas.

Diagnóstico

Con el fin de diagnosticar una fobia de tipo sangre-inyecciones-daño, primero se lleva a cabo una entrevista preliminar en la que la persona tiene que contestar una serie de preguntas sobre su condición. Dichas preguntas se relacionan con la naturaleza del miedo experimentado en cuanto a ciertas circunstancias: si la persona se desmayó o casi se sufrió un desmayo, el grado de evasión y hasta qué punto su vida cotidiana se ve afectada.

En algunas clínicas se emplea un examen que contiene una serie de preguntas estandarizadas, a las que el paciente tiene que contestar verdadero o falso; dicho examen se llama *"The Mutilation Questionnaire"* (Cuestionario de mutilación). Si las respuestas arrojan un diagnóstico positivo, algunas clínicas aplican un examen de exposición, basado en un video a colores que muestra una cirugía y/o gente a la que le están aplicando inyecciones o está donando sangre. El propósito es evaluar las reacciones fisiológicas y conductuales de la persona, y cuestionarla sobre su sentimiento de ansiedad mientras estaba viendo el video. Este examen se pone en práctica con el consentimiento del paciente a quien se le explica brevemente el contenido del video.

Se pide al paciente que mantenga los ojos fijos en la pantalla, pero se le proporciona el control remoto para que detenga la película en el momento que así lo desee si ya no soporta seguir viendo las imágenes. La presión sanguínea, así como las pulsaciones, se monitorean continuamente durante el proceso (también se registran otras señales), desde la fase de preexposición que dura diez minutos en la que se obtienen lecturas base. Después, le sigue una fase de cuatro minutos en la que se explican las instrucciones y se recuerda al paciente el contenido del video, y se le pide que vea hacia la pantalla sin desviar la mirada. El video dura aproximadamente media hora; casi siempre el fóbico se desmaya, voltea para otro lado o detiene el video debido a un notable grado de ansiedad y angustia.

Desarrollo

Los estudio indican que las fobias de tipo sangre-inyecciones-daño se adquieren, por lo general, en la infancia o en la adolescencia (su nivel máximo es entre los ocho y los nueve años), y si no se tratan, continúan hasta la adultez. No es común que las personas adquieran este tipo de fobias por primera vez durante la adultez. Muy pocos estudios han examinado experiencias adversas en la adquisición de fobias de tipo sangre-inyecciones-daño, pero los que lo han hecho indican que un poco más de la mitad de fóbicos a este tipo de fobias reportan un incidente traumático directo que en el cual ellos fueron partícipes como el desencadenamiento de su fobia. Un poco más de una cuarta parte recuerda condiciones indirectas (tales como el haber visto a alguien más experimentando un episodio fóbico de tipo sangre-inyecciones-daño), mientras que la mayoría de los fóbicos restantes no puede recordar ninguna condición particular relacionada con la aparición de su fobia. En general, la mayoría del grupo que no reporta ninguna experiencia condicionante, directa o indirecta, es incapaz de recordar el comienzo de su fobia, y afirma que ésta ha estado presente desde que tiene uso de razón. Estos hallazgos concuerdan razonablemente con los que se han reportado para otras fobias específicas.

Al igual que sucede con otras clases de fobias específicas, los fóbicos de tipo sangre-inyecciones-daño tienen creencias falsas relacionadas con su fobia y no es sorprendente que en su mayoría estén involucradas con desmayos y sus posibles consecuencias. Muchas de las personas que han sufrido desmayos o han estado a punto de desmayarse consideran que es una experiencia física desagradable, y que puede estar precedida por una sensación de mareo, sudor, náusea, así como problemas visuales y auditivos. A pesar de que el cuerpo de una persona cuando se desmaya casi siempre está relajado por completo y no sufre heridas prolongadas, le pueden salir moretones o, en muy pocas ocasiones, puede golpearse en una pierna, un brazo o en la cabeza como resultado del colapso. Seguido del desmayo, el fóbico puede experimentar confusión momentánea, pero normalmente se recupera con rapidez, aunque es común seguir presentando sensaciones mínimas de desasosiego.

Por todas estas razones, quizá no sea sorprendente que los fóbicos de tipo sangre-inyecciones-daño le teman a los desmayos, los cuales están muy relacionados con su condición. De hecho, se ha propuesto que casi no es pertinente definir este miedo como irrazonable o excesivo (como se determina en el criterio para la definición de fobia) en el caso de la fobia de tipo sangre-inyecciones-daño.

La gente con otra clase de fobias que padece síntomas de pánico también experimenta síntomas físicos desagradables y con frecuencia cree que éstos indican la presencia de una enfermedad orgánica. No obstante, los síntomas de pánico no son, en lo absoluto, físicamente dañinos. En contraste, se sabe con precisión que los desmayos algunas veces pueden ser síntomas de alguna enfermedad o condición subyacentes, por lo que se podría esperar que los fóbicos de tipo sangre-inyecciones-daño que sufren desmayos tendieran a creer que están físicamente enfermos. No existen, sin embargo, pruebas factibles de que éste sea un punto de vista común, ni de que la mayoría de los fóbicos de este tipo, al parecer, asocie con firmeza sus desmayos sólo con el estímulo fóbico.

Tratamiento

Puesto que los desmayos ocupan un lugar relevante en esta categoría de fobias específicas, el tratamiento consta de dos propósitos que se deben llevar a cabo simultáneamente: hacer que retroceda el proceso fisiológico que desencadena el desmayo al tiempo que se está reduciendo y, con suerte, eliminando el miedo causado por el estímulo fóbico. Se ha demostrado que la típica terapia de exposición gradual ha ayudado a algunos pacientes.

En el caso específico de los fóbicos de tipo sangre-daño, normalmente se utilizan diapositivas y videos, tal vez junto con instrumentos quirúrgicos. En cuanto a la fobia a las inyecciones, también se pueden emplear diapositivas y videos, pero aumentando agujas quirúrgicas para incrementar en forma gradual el grado de exposición. En ambos casos, el paciente casi siempre comienza por tratar de reducir el riesgo de desmayarse y, después, poco a poco logra pararse y sentarse mientras continúa el tratamiento.

En fechas recientes, un grupo de clínicos suecos ha desarrollado un nuevo enfoque, el cual ha mostrado tener éxito y enseña a los pacientes un método para impedir los desmayos. La técnica se llama "tensión aplicada": en suma, se enseña al paciente cómo tensar los músculos largos del cuerpo por periodos cortos (de quince a veinte segundos), lo que produce el efecto de aumentar la presión sanguínea y las pulsaciones. Cuando el paciente es capaz de controlar directamente su presión sanguínea, también logra contrarrestar la hipotensión que es el precursor habitual del síncope vasovagal.

Para que el proceso sea exitoso, se deben considerar varios aspectos: uno de los más importantes es asegurarse de que la persona entiende el motivo del desmayo, así como los procesos fisiológicos que ocurren, los cuales se pueden contrarrestar mediante la tensión aplicada. Segundo, se tiene que enseñar al paciente a reconocer las primeras señales de desmayo que experimenta (como sudor, sensaciones de mareo o náusea, problemas visuales o auditivos) para que sepa cuándo poner en práctica la tensión aplicada. Tercero, es necesario instruirlo en cuanto a esta técnica: el terapeuta debe asegurarse de que el paciente se sienta seguro con el procedimiento y sea capaz de aplicarlo correctamente.

Así, el paciente aplica la técnica en las sesiones del tratamiento que comienzan con el uso de las diapositivas y grabaciones durante las cuales se monitorean la presión sanguínea y las pulsaciones del paciente; además, se le hacen preguntas sobre sus sentimientos y creencias. Sin embargo, para la cuarta sesión del tratamiento, el fóbico de tipo sangre-daño es capaz de presenciar los procedimientos en un centro de donación de sangre y, para la quinta y última sesión, una cirugía torácica. Al final del tratamiento, los fóbicos a las inyecciones toleran someterse a un piquete con una aguja en el dedo, a inyecciones y a la inserción de agujas en una vena; asimismo, se sienten seguros ante la presencia de agujas e instrumentos quirúrgicos. Se ha probado que este método es útil para los fóbicos de tipo sangre-inyecciones-daño; igualmente, se ha mejorado y aplicado como tratamiento de sesión única (ver Capítulo 9).

Capítulo 13

Fobia específica, tipo situacional: claustrofobia

Tal y como sucede en las fobias ambientales, no es fácil encontrar hechos ni cifras sobre las fobias específicas, tipo situacional, como tales. Por lo general, se define a este grupo mediante los ejemplos más estudiados, que incluyen claustrofobia (ver p. 166), fobia a los aviones (ver p. 178), fobia a los puentes y fobia a los accidentes (ver p. 183).

Síntomas de fobia situacional

Como su nombre lo indica, la gente que sufre de este subgrupo de fobias específicas llega a sentir un miedo extremo si se les expone ante situaciones particulares o una serie de circunstancias. Dichas situaciones pueden ser parte de un ambiente creado por seres humanos, aunque no siempre es así, pues existe cierto grado de traslape con el subgrupo de fobias ambientales, que pertenecen a las fobias específicas.

Además, aparecen uno o dos aspectos interesantes: primero, como se revela en la lista de fobias, una amplia gama de estímulos puede provocar fobias situacionales; sin embargo, algunos estímulos se ven limitados (por ejemplo, cruzar puentes o volar), mientras que otros se basan en una variedad mucho más amplia de estímulos, como sucede con la claustrofobia, que es un miedo a la restricción física y a quedar atrapado. Segundo, es posible que casi todas las situaciones sean un medio para provocar algún miedo fóbico, pero se cree que la mayoría no son comunes. Resulta difícil dilucidar la incidencia real, puesto que la mayoría de las personas, cuyas fobias pertenecen a este subgrupo, no acuden al médico en busca de tratamiento y evitan la situación temida. Incluso en los ejemplos más estudiados de claustrofobia y fobia a los aviones, se cree que muy poca gente busca ayuda profesional. Aquellos que sí acuden al médico casi siempre se animan a hacerlo pues la fobia interfiere, en gran medida, con su vida cotidiana y les dificulta cumplir con sus responsabilidades laborales.

En este capítulo se tratará la claustrofobia y en los dos siguientes, la fobia a los aviones y la fobia a accidentes.

Síntomas de claustrofobia

La claustrofobia es una condición relativamente común que a menudo se define como el miedo intenso a permanecer en un lugar pequeño, encerrado y limitado. La palabra claustrofobia viene del latín *claustrum*, que significa espacio cerrado. Por otra parte, los estudios indican que afecta entre el dos y el cinco por ciento de la población en cualquier momento dado, pero es más común que se presente entre los dieciocho y los veinticinco años, aunque también puede aparecer en la infancia. Asimismo, es más frecuente en mujeres que en hombres, y se considera una de las fobias más registradas.

Muy pocos fóbicos buscan ayuda para mejorar su condición, y se cree que esto se debe en parte al hecho de que muchos desconocen el tratamiento eficaz que está disponible. Las víctimas evitan situaciones temidas que puedan causar grandes inconvenientes, en especial si su claustrofobia se debe a un sinnúmero de estímulos. No obstante, puede resultar casi imposible evadir por completo las situaciones claustrofóbicas, y el grado de angustia que soportan los fóbicos puede ser considerable. En algunos casos, la fobia puede tener consecuencias mucho más serias; como por ejemplo, en el caso de una persona que necesita un diagnóstico médico con imágenes de resonancia magnética, pero no tolera someterse al examen debido a su incapacidad de soportar permanecer encerrado en el aparato.

Cuestionar a los claustrofóbicos sobre la naturaleza de su miedo casi nunca produce resultados satisfactorios. Con frecuencia, a los fóbicos les desconcierta no saber exactamente qué es lo que les asusta o lo que creen que les ocurrirá. Sin embargo, estudios detallados sobre la claustrofobia han revelado que se trata de una condición compleja en la cual se combinan dos aspectos con el fin de lograr que el miedo persista; dichos aspectos son:

- el elemento de la restricción física y la sensación de estar atrapado;
- la creencia de que en un espacio pequeño el suministro de aire es insuficiente, lo que puede suscitar que la persona se sofoque.

Miedo a la restricción física y a la sensación de estar atrapado

La mayoría de la gente se siente incómoda si su movimiento se ve restringido, incluso si las circunstancias no presentan peligro alguno. Los signos de esta ansiedad se pueden observar con frecuencia en mamíferos domésticos que se encuentran encerrados. Por el contrario, en los animales salvajes el miedo puede ser extremo e, incluso, llevarlos a una muerte súbita por estrés inducido. Es muy factible que cualquier clase de restricción física provoque un alto grado de desarrollo de respuestas al estrés o al miedo en los claustrofóbicos.

Esto ayuda a entender por qué la gente que padece esta condición experimenta un miedo fóbico no sólo cuando se encuentra en lugares pequeños o limitados como elevadores, casetas telefónicas o cubículos de baños públicos, sino también en otras circunstancias menos obvias como lo son: sentarse en la silla de la estética o en un asiento de algún transporte público, esperar formada en la fila del supermercado o encontrarse entre una multitud.

Este aspecto de la claustrofobia es muy similar a la agorafobia, pues la sensación de estar atrapado y la incapacidad de escapar a algún lugar seguro son características importantes.

Miedo a sofocarse en lugares pequeños y limitados

La mayoría de los claustrofóbicos reportan tener la creencia de que se van a sofocar en un espacio restringido. En realidad, la asfixia sólo se puede completar por tres causas:

- si el aire se agota;
- si una persona padece algún trastorno respiratorio grave, ataques serios de asma o reacciones alérgicas extremas (anafilaxis);
- si la respiración de la persona se ve físicamente restringida; por ejemplo, por ahogo.

Asfixia cuando el aire se agota

En relación con la primera causa, cabe señalar que los estudios indican que mucha gente tiene ideas falsas sobre la cantidad de aire que una persona necesita para sobrevivir en un espacio limitado. La mayoría de la gente sobreestima, en gran medida, la cantidad de aire que se necesita para sobrevivir, por ejemplo, en un lugar hermético; por otro lado, subestima cuánto tiempo duraría esta cantidad de aire, pues cree que de inmediato se encontraría en peligro de quedarse sin este vital gas. De hecho, es muy factible sobrevivir durante días en lugar de horas, lo que hace posible que en la mayoría de las circunstancias se rescate a la persona. En casi todos los casos, el lugar restringido no se encuentra sellado y aún así persiste la creencia errónea de que la falta de aire representa una amenaza. Así pues, se ha deducido que esta creencia general contribuye al miedo en la claustrofobia.

Asfixia por algún trastorno respiratorio grave, ataques serios de asma o reacciones alérgicas extremas (anafilaxis)

En cuanto a esta segunda causa, es evidente que la mayoría de los claustrofóbicos no padecen trastornos físicos que restringen su respiración normal. Sin embargo, una cantidad considerable reporta síntomas físicos inducidos por el miedo en situaciones fóbicas o de pánico, y los componentes principales son dificultad para respirar o sensación de asfixia. Aunado a ello, también experimentan dolor de pecho, tensión, mareo y sensación de ahogo o de desmayo. Incluso entre los claustrofóbicos que no sufren de síntomas extremos se reporta elevación de pulsaciones e hiperventilación.

Es probable que la creencia claustrofóbica sobre la asfixia surja de la idea errónea de estos síntomas físicos desagradables inducidos por el miedo, ya que éste desaparece inmediatamente después de que el claustrofóbico se encuentra en un lugar abierto.

Por otra parte, cabe mencionar que aunque los claustrofóbicos casi siempre experimentan síntomas físicos parecidos a los de las víctimas de otras fobias, los resultados temidos y los factores cognitivos conectados con éstas presentan un énfasis un tanto diferente: la asfixia, la pérdida de conocimiento, la falta de suministro de aire y el pánico son las principales consecuencias que figuran en la lista de miedos claustrofóbicos, mientras que en la agorafobia la pérdida de control físico y mental es mucho más relevante.

Siguiendo con los contrastes con otras fobias, es inusual que un claustrofóbico confunda el dolor de pecho, la tensión, la sensación de ahogo, así como la dificultad para respirar como síntomas de un paro cardiaco. En general, se cree que estos síntomas están conectados con la amenaza de una asfixia inminente.

Asfixia por ahogo

La tercera causa para que una persona se sofoque de verdad es que la respiración se vea afectada físicamente por medio de la asfixia. Sin embargo, se piensa que esto casi no contribuye para que se presente el miedo en la claustrofobia. Por el contrario, la mayoría de los expertos considera que las dos primeras causas de asfixia (junto con la restricción física) son los factores críticos. Al parecer, esto se relaciona con el hecho de que un claustrofóbico puede malinterpretar los síntomas de miedo (dificultad para respirar, mareo, etcétera) como señales de asfixia las cuales le indican, según él, que el suministro de aire se está acabando. Este punto de vista se respalda con los dos factores siguientes:

Primero, se ha establecido que el solo hecho de proporcionar información a un claustrofóbico, sin importar que tan convincente sea, sobre la provisión de aire en un lugar pequeño, la cantidad necesaria para sobrevivir y por cuanto tiempo, no es suficiente para reducir el miedo. El fóbico puede tratar de creerlo pero su experiencia propia de supuestos síntomas de asfixia está tan arraigada que lo convence de lo contrario, hecho que concuerda cien por ciento con la conocida y afianzada naturaleza de las creencias fóbicas.

Segundo, el miedo de un claustrofóbico en un espacio reducido por lo general aumenta cuando otras personas entran en él, pues los considera como competidores que están luchando por el suministro de aire que, supuestamente, es cada vez más limitado.

Otro factor importante es que se cree que en muchos casos la claustrofobia se correlaciona con la ansiedad por asfixia. Para muchos claustrofóbicos, los dos miedos van de la mano; además, el estar físicamente restringido es una experiencia desagradable e, incluso, traumática en personas que no padecen ningún daño o en animales. Se ha planteado que la relación con la asfixia es que uno necesita estar físicamente libre para poder escapar de la situación, en la cual el suministro de aire parecer estar escaseando.

Se piensa que el miedo y la sensación de peligro inherente son iguales si, por ejemplo, una persona se encuentra físicamente inmovilizada por estar atada o apretujada entre dos rocas, o si su cuerpo está libre pero es incapaz de escapar de un espacio pequeño. Otro ejemplo es que tanto los accidentes en carretera como en tren están relacionados con hechos reales y con la acción de estar atrapado, lo que muestra que la abrumadora necesidad que experimentan los sobrevivientes es la de escapar hacia un espacio abierto y sentir el aire fresco, lejos del peligro.

Es indiscutible que muchas de las circunstancias en las que la gente está atrapada físicamente en realidad son peligrosas. Incluso, cuando éste no es el caso, la situación puede ser amenazadora si la persona no se puede liberar ni tener esperanza alguna de que la rescaten; es esto, entonces, lo que la lleva a enfrentar el riesgo a la muerte cuando tiene sed, hambre o el simple hecho de la exposición a la situación fóbica.

Es normal que una persona, a una edad temprana, tenga conocimiento de estos peligros, y quizá por ello no es sorprendente que su miedo contribuya a la claustrofobia.

Por último, en un bajo porcentaje de los claustrofóbicos, el factor principal es el miedo a permanecer atrapado. Estas personas no reportan ansiedad por asfixia, pero continúan presentando una respuesta claustrofóbica en cualquier situación que implique sentir que la libertad de su cuerpo está en peligro.

Desarrollo

La claustrofobia ha provisto de esperanza a aquellos que creen que las fobias se pueden explicar, en primera instancia, como un retroceso evolutivo y de adaptación a una etapa anterior en el desarrollo humano —la teoría de preparación— (ver Capítulo 21).

También se ha propuesto que los seres humanos pueden poseer inconscientemente un monitor fisiológico para advertir a tiempo la asfixia, el cual puede detectar las interrupciones del suministro de aire. Se presupone que una falla de este mecanismo puede devenir en el desencadenamiento de los síntomas de alarma de asfixia que se presentan en la claustrofobia, pero se necesitan llevar a cabo investigaciones más a fondo para validar esta teoría.

Muchos investigadores han estudiado las formas que llevan a la adquisición de la claustrofobia en cada persona; los resultados indican que un alto porcentaje puede recordar una directa experiencia condicionante adversa, y un solo suceso es suficiente para desencadenar la claustrofobia. Asimismo, las encuestas muestran que si la experiencia adversa contenía los dos elementos de estar atrapado y la supuesta amenaza para el suministro de aire, entonces es todavía más probable que se suscite este tipo de fobia.

Como ya se mencionó, los miedos y las creencias generalizadas en cuanto a sentirse atrapado y a la asfixia se extienden. Es probable que el condicionamiento indirecto, junto con la información inquietante y los recuentos de las experiencias claustrofóbicas, pudieran desencadenar el desarrollo de la condición en la gente susceptible.

Tratamiento

La claustrofobia se ha tratado con cuatro métodos principales: exposición gradual, terapia cognitiva, terapia interoceptiva y tratamiento de sesión única basado en la exposición gradual intensiva y el análisis (ver Capítulo 22). Se ha verificado que el tratamiento de sesión única y la terapia de exposición son los más eficaces, seguidos de los enfoques cognitivos e interoceptivos en los que la mayoría de los pacientes ha mostrado una reducción en el miedo y en las creencias equívocas.

Por lo general, los pacientes, cuyas creencias sobre la asfixia, el sentirse atrapado y el pánico son elevadas antes del tratamiento, se dan cuenta de que estos tres elementos se modifican positivamente como resultado de la terapia. Esto va acompañado de una disminución paralela en el miedo y en las creencias falsas que desaparecen por completo, por lo que su claustrofobia, en efecto, se cura. Cerca del ochenta por ciento de las personas que acude a terapia recibe ayuda y se da cuenta de que la claustrofobia ya no afecta, considerablemente, su vida cotidiana.

El gran éxito de la terapia es alentador en particular, debido a la arraigada naturaleza de las concepciones erróneas sobre la claustrofobia previas al tratamiento, que no son fáciles de cambiar con un simple análisis. Al igual que con otras fobias, el tratamiento permite que la persona claustrofóbica descubra que sus concepciones catastróficas no van a suceder. También es probable que pudiera ser benéfico incluir ejercicios de respiración o de relajamiento, así como técnicas de autoayuda en el programa del tratamiento, en especial para aquellos que conservan una sensación mínima de claustrofobia después de la terapia.

Capítulo 14

Fobia específica, tipo situacional: fobia a los aviones

La fobia a los aviones (aviofobia) es una condición bastante común que puede afectar casi al diez por ciento de la población, pero también otras personas reportan un nivel menor de ansiedad y evitan volar cada vez que sea posible. Es evidente que en el mundo moderno en el que vivimos, la incapacidad para volar es una gran desventaja, en especial para aquellos, cuyo trabajo demanda viajes continuos por esta vía. En la vida cotidiana, los fóbicos a los aviones pierden la oportunidad de viajar y disfrutar de unas vacaciones que son comunes para algunas personas, por lo menos en el mundo occidental.

Síntomas

La fobia a los aviones puede acompañar tanto a la claustrofobia como a la agorafobia, o existir solamente como una condición específica independiente. Las encuestas muestran que esta fobia afecta más a mujeres que a hombres: el setenta por ciento son mujeres; la mayoría de las veces, la condición se desarrolla poco antes de los treinta años. Por otra parte, los estudios que han comparado a las personas —cuya fobia primaria es la agorafobia y la secundaria, la aviofobia) con los meramente fóbicos a los aviones, han revelado algunas diferencias interesantes relacionadas con la naturaleza y el enfoque del miedo en cuestión. A más del setenta por ciento de los fóbicos específicos a los aviones les preocupaba, en especial, la posibilidad de un accidente aéreo.

Desarrollo

El mismo setenta por ciento de este tipo de fóbicos también ha señalado que escuchar o ver noticias sobre accidentes aéreos contribuye, en gran medida, al desarrollo de su fobia. Esto parece indicar que un condicionamiento indirecto e informativo es trascendental en el desarrollo de la condición, lo cual muestra un notorio contraste contra el dieciocho por ciento de los agorafóbicos. Además, alrededor del cuarenta por ciento del grupo de los fóbicos específicos a los aviones había vivido uno o dos sucesos que los atemorizaron durante el vuelo (como la turbulencia), y señalaron a éstas como las causas del desarrollo de su condición.

Por lo tanto, parecería que dichos sucesos tuvieron un impacto directo en las experiencias condicionantes en estas personas. En contraste, algunos de los agorafóbicos experimentaron turbulencias u otro tipo de incidentes durante el vuelo, mas no los ven como algo trascendental. Para el grupo de agorafóbicos, el miedo a sufrir un ataque de pánico o perder el control durante el vuelo era el foco central de su miedo y la primera razón por la que evitaban viajar por vía aérea.

Entre los fóbicos de ambos grupos que en realidad han sufrido un ataque de pánico durante el vuelo, un porcentaje equitativo pensaba que este hecho había sido significativo para el desarrollo de su fobia. Sin embargo, los agorafóbicos creían que si no existía la amenaza de sufrir un ataque de pánico ya no tendrían por qué evitar viajar en avión. Por el contrario, los fóbicos específicos a los aviones creen que la ausencia de los síntomas de pánico no modificaría de manera considerable su miedo a los aviones. Por otro lado, un pequeño, pero significante número de las personas de este mismo grupo que había presenciado el miedo de alguien más durante el vuelo, pensaba que eso era lo que había contribuido para el desarrollo o la preservación de su propia fobia. Esto apunta, una vez más, a las experiencias indirectas que influyen en el desarrollo de la aviofobia.

Tratamiento

Los estudios indican que el tratamiento más útil para este tipo de fobia es la exposición gradual, junto con el análisis y el cuestionamiento de las concepciones falsas relacionadas con los aviones. No obstante, en la práctica esto resulta difícil implementar, ya que muchos terapeutas recurren a métodos indirectos tales como la insensibilización sistemática empleando la imaginación de la persona (es decir, recreando en su mente las experiencias temidas de los viajes aéreos) y, posiblemente, películas o material grabado. De igual manera, el terapeuta con frecuencia instruirá al paciente sobre técnicas de relajación y métodos para hacer frente a sus concepciones erróneas, o intentar modificarlas mediante procesos de análisis.

Al final del tratamiento, se estimula al paciente para que realice un vuelo como prueba, e informe al terapeuta sobre la respuesta que tuvo. Casi siempre se comprueba que la experiencia de viajar en avión como prueba para ver el avance obtenido, y al mismo tiempo modificar las creencias erróneas, es bastante eficaz en cuanto a la disminución del miedo. La terapia ayuda a reducir la ansiedad general relacionada con la fobia, y ofrece al paciente estrategias que hacen mucho más factible que viaje en avión para comprobar el avance conseguido. Después del tratamiento y de este vuelo de prueba, el paciente es capaz de realizar más adelante viajes por avión que vuelven a disminuir el miedo fóbico.

En Suecia, gracias a la ayuda y cooperación de la aerolínea *Scandinavian Airlines*, fue posible llevar a cabo el estudio del tratamiento de exposición de sesión única en un grupo de pacientes fóbicos a los aviones (Öst, Brandberg y Alm, 1997). Se expidieron boletos de avión gratuitos para un vuelo nacional redondo, partiendo de Estocolmo; el tratamiento incluía desde tomar el autobús del aeropuerto, la documentación, la asignación del número de asiento, el pase de abordar hasta el viaje en sí. Cada paciente iba acompañado de un terapeuta con quien analizaba las creencias, miedos y sensaciones que iba experimentando en cada etapa.

Una vez que habían concluido el viaje de ida y bajado del avión, el terapeuta y el paciente tenían que volver a realizar el proceso de abordaje para su regreso; cada viaje duró alrededor de una hora. Así que el tiempo total de vuelo fue de dos horas más el tiempo que permanecieron en el aeropuerto y en el autobús del mismo. Como resultado se obtuvo que la gran mayoría de los pacientes que tomó el tratamiento más adelante pudo volar solo y casi en todos los casos no hubo retroceso en esta mejoría.

Capítulo 15

Fobia específica, tipo situacional: fobia a los accidentes

En específico, se ha estudiado exhaustivamente la fobia a los accidentes automovilísticos. Esto ha determinado que el treinta y ocho por ciento de los sobrevivientes en accidentes automovilísticos ha desarrollado, como consecuencia, miedo fóbico agudo y evasión a viajar en automóvil, lo cual ha afectado en gran medida su vida cotidiana.

Síntomas

Aunque es inusual que se eviten por completo los viajes en automóvil, los fóbicos a los accidentes sólo viajan cuando es imprescindible. Además, puede ser que sólo viajen a una hora en específico; por ejemplo, cuando el tráfico vehicular es fluido. Los fóbicos a los accidentes experimentan una considerable ansiedad anticipada antes del viaje, y su miedo incrementa cuando van en el auto. Para algunos de ellos es muy difícil ir como pasajeros, por lo que la mayoría constantemente da instrucciones al conductor.

No es de extrañarse que los fóbicos de este tipo realicen los ajustes necesarios a su vida para evitar viajar en coche. Esto puede incluir medidas extremas como: cambiarse de casa o, incluso, renunciar a su trabajo; en la mayoría de los casos, el placer de ir de excursión, los pasatiempos y las vacaciones, entre otras actividades, se ven limitadas debido al efecto en la movilidad. Es probable que las personas que han estado involucradas en accidentes de autobuses, camiones o trenes alcancen un nivel similar de miedo fóbico y evasión.

Desarrollo

La fobia a los accidentes es atípica en el sentido de que está muy ligada con el trastorno de estrés postraumático (ver p. 52), y sus elementos principales son el miedo fóbico y la evasión. Puede resultar un tanto difícil distinguir entre estas dos condiciones, pues la principal causante de ambas está relacionada con un accidente automovilístico. Esto también es inusual, puesto que en la mayoría de las fobias específicas el suceso traumático (factor condicionante) no se toma en cuenta en todos los casos.

Al parecer, el Cuestionario de miedo a accidentes, recién creado por la Asociación Americana de Psiquiatría, diferencia las dos condiciones e indica que el miedo fóbico se desarrolla de manera independiente a las heridas, el dolor y la depresión que causan los accidentes. No obstante, existen algunas pruebas de que el carácter de la persona podría predisponerla a desarrollar esta fobia (ver enseguida).

En la identificación de la fobia, una premisa central es que el miedo involucrado debería ser excesivo e irracional, y está fuera de proporción a la situación. Esto se puede observar de dos maneras: por una parte, el miedo excesivo a viajar por carretera cuando se ha sobrevivido a un accidente traumático no parece ser algo irracional. Por el contrario, las personas no fóbicas que han sufrido accidentes similares no sienten ansiedad extrema y son capaces de reanudar sus viajes en coche. Pueden experimentar cierta ansiedad inicial, pero a un nivel que se logra controlar sin problemas, y tiende a disminuir mientras pasa el tiempo; además, volver a manejar le ayuda a que retome su lugar en la vida diaria.

Un estudio ha mostrado que más del cuarenta por ciento de los fóbicos esperaba verse envuelto en otro accidente automovilístico en poco tiempo si volvían a viajar en auto, mientras que las personas no fóbicas no tenían tal expectativa. Un porcentaje mayor de los fóbicos, comparados con los no fóbicos, presenta un antecedente de ansiedad previo al accidente en automóvil. Es posible que los factores psicológicos provoquen un riesgo mayor de desarrollar la fobia a los accidentes y, una vez que se adquiere, el fóbico es propenso a convertirse en víctima más que en sobreviviente.

Tratamiento

El tratamiento para este tipo de fobia está en proceso de desarrollo y mejora continuos. Se requiere una terapia cognitiva inicial, enfocada a ayudar al paciente a darse cuenta de que es un sobreviviente, y de que no hay razón para suponer que un accidente que ocurrió volverá a suceder. La terapia, mediante la imaginación del paciente y el uso de material grabado, puede ser útil. Con el tiempo, se alienta a la persona para que a través de la terapia de exposición vuelva a viajar en coche, lo cual es muy difícil para la mayoría de los fóbicos. La última etapa, si la persona maneja, es empezar a manejar de nuevo y tomar un curso de actualización de manejo puede ser útil en este respecto.

Capítulo 16

Fobia específica, subgrupo Otras fobias: fobia al agua

El subgrupo otras fobias incluye todas las fobias específicas que no se pueden clasificar fácilmente en ninguno de los otros cuatro subgrupos. No es posible identificar como tal características generales significativas, pero un vistazo a la lista de las fobias confirma que el estímulo fóbico para el subgrupo otras fobias es bastante diverso. Por otra parte, mientras que algunas de las fobias en ese subgrupo son raras, otras aparentemente son comunes. En este capítulo y en los siguientes cuatro se incluyen ejemplos de los dos tipos.

En primera instancia, tal vez las fobias al agua se pueden clasificar con mayor precisión en el subgrupo de fobias ambientales, y éste es un problema simple cuando el estímulo fóbico se relaciona con ríos, lagos, océanos o cataratas. Sin embargo, un análisis más preciso sobre la naturaleza de la fobia al agua muestra un enfoque distinto que justifica su inclusión en el subgrupo otras fobias.

Síntomas en niños

La condición es frecuente en niños pequeños en quienes aparece, por lo general, antes de los cinco años y se manifiesta como un miedo intenso a bañarse. Más tarde, esto se puede extender a cualquier situación que se relacione con que el niño entre en el agua (por ejemplo, meter los pies en un arroyo o en el mar). La mayoría de los padres de niños fóbicos recuerda que su hijo pegaba de gritos cada vez que lo bañaba. Por el contrario, es común que un recién nacido llore cuando lo bañan por primera vez, pero la mayor parte de las veces los bebés no sólo se acostumbran al baño sino obviamente lo disfrutan, mientras que el bebé fóbico continua llorando cada vez que lo meten en el agua.

Cuando el niño crece y desarrolla más la capacidad de expresar sus miedos puede estar rogando por horas que no lo bañen, y la hora del baño se convierte en un campo de batalla. Los padres de la mayoría de los niños que están más afectados pueden tener la necesidad de recurrir a cortarles el cabello muy corto y a darles baños de esponja; estas familias son las que casi siempre acuden a las clínicas en busca de ayuda.

Los estudios indican que para casi todos los niños sus miedos al baño disminuyen con la repetición de la experiencia a pesar de que la ansiedad, o desagrado, al lavarse el cabello o al sentir el agua en la cara puede persistir por largo tiempo. Para los niños un poco más grandes, el miedo al agua se relaciona casi siempre con la adquisición de habilidades para nadar. Es muy común que los niños le teman a sumergir la cabeza en el agua y esto puede inhibir el aprendizaje para nadar y disfrutar lo que esta actividad implica. Sin embargo, para los niños fóbicos al agua incluso meterse en la alberca es imposible.

Las pruebas muestran que entre el 2.5 y el 5 por ciento de los niños mayores de doce años es fóbico al agua, y que la condición es igual de frecuente en niños de ambos sexos. Un estudio reportó que la fobia al agua en niños ocupa el tercer lugar en una lista de ochenta fobias; sólo la sobrepasan el miedo a las serpientes y a las ratas. El hecho de que la fobia al agua se enfoque con claridad en el baño y meterse en el agua, más que en el agua como elemento, es el porqué de clasificarla en el subgrupo otras fobias.

Síntomas en adultos

El porcentaje de incidencia en la fobia al agua en adultos no está disponible, debido a que éstos casi nunca solicitan tratamiento médico. Esto mismo sucede con muchas fobias, por lo que puede deducirse que el número de fóbicos puede ser mayor de lo que la información disponible indica.

No obstante, al parecer la sintomatología en los adultos es un tanto diferente a la de los niños pues, aunque los adultos no desconocen el miedo a bañarse, en ellos el foco principal del miedo según parece se centra en sumergirse y en morir ahogado. En varias ocasiones, esto está conectado con concepciones irracionales en cuanto al agua, tales como el hecho de que lo arrastren las olas cuando está sentado en la arena o el miedo a que un tanque de peces lleno de agua se rompa y se ahogue con el agua.

Por lo tanto, los fóbicos adultos pueden sentir miedo extremo de ir a cualquier lugar donde haya recursos naturales de agua: no disfrutan caminar a la orilla de la playa, hacer recorridos en lanchas o viajar en barcos; además, nunca han desarrollado la habilidad de nadar. De hecho, la incidencia de este tipo de miedos puede ser bastante alta; seguramente usted ya pensó por lo menos en una persona que admite temer al agua u odiarla, a tal grado que nunca ha aprendido a nadar.

Desarrollo

Se han realizado muy pocos estudios sobre la naturaleza del desarrollo de la fobia al agua en los adultos. Por el contrario, es probable que muchos de ellos hayan presentado miedo a bañarse a una edad temprana y que lo sigan teniendo en la adultez, quizá con alguna alteración en el centro de la fobia. En otros casos, la aparición de la fobia al agua puede ser muy diferente —en la actualidad, no existe información disponible, tal vez como reflejo de la falta general de solicitud de asistencia médica por parte de los adultos—.

Algunos hechos interesantes en cuanto a los orígenes de la fobia al agua en niños han empezado a surgir con base en los pocos estudios que se han publicado. Cuando se entrevistó a los papás, la mayoría creyó que su hijo siempre había sido fóbico desde la primera vez que lo bañaron cuando era bebé. Un poco más del veinticinco por ciento fue capaz de señalar que sucesos condicionantes indirectos habían influido en el desarrollo de la fobia, mientras que sólo el dos por ciento reportó una experiencia traumática directa como la causa del problema. Esto contrasta notablemente con otras fobias específicas en las que el encuentro traumático con el estímulo temido parece tener una mayor influencia en el desarrollo.

El condicionamiento indirecto que reporta alrededor del veinticinco por ciento de los entrevistados algunas veces estaba relacionado con el hecho de que el niño había observado a los integrantes de otras familias presentar miedo ante el agua. Esto podría indicar cierta predisposición genética familiar a la fobia al agua, pero es aún más probable que si uno de los padres le teme al agua, en particular la madre porque es con quien por lo general los niños pequeños pasan la mayor parte del tiempo, el miedo se lo transmita a su hijo.

La información que se tiene hasta el momento ha permitido que cierto número de teorías se hayan elaborado con el fin de explicar los orígenes de este tipo de fobia. Se ha sugerido que los niños pequeños presentan un miedo innato al agua, pero éste casi siempre disminuye y desaparece con repetidas experiencias que no provocan ningún temor (ver habituación, p. 232) y con el desarrollo normal. Puede ser que el miedo se desarrolle a un nivel más alto en algunos individuos, y esto quizá se deba a factores genéticos. Por lo tanto, los que se vuelven fóbicos al agua pueden tener menos posibilidades de experimentar la adaptación debido a su miedo.

Las circunstancias familiares pueden ser un factor influyente: un estudio mostró que los adultos fóbicos al agua casi no habían tenido experiencias con nadar, con el mar o con actividades relacionadas con el agua durante la infancia, ya que no eran importantes para su familia. Así pues, la fobia al agua se presta para una explicación evolutiva de su desarrollo.

Tratamiento

Como se mencionó anteriormente, muy pocos adultos que tienen miedo al agua buscan ayuda para tratar su condición, motivo por el cual el tratamiento se ha enfocado, en su mayoría, en los niños. Según parece, el tratamiento más eficaz para niños es la combinación de exposiciones graduales y terapia de modelado,[10] *in vivo*,[11] al agua.

Un estudio contrastó tres diferentes tratamientos aplicados en tres grupos de fóbicos y el cuarto, que estaba integrado por controles, no recibió tratamiento; uno de los cuatro grupos estaba constituido por niños de ambos sexos, entre tres y ocho años, que presentaban un alto grado de miedo.

[10]Terapia en la que se provoca un comportamiento particular en el paciente, a través de la observación de un comportamiento similar en otros individuos. (N. del T.)
[11]La explicación del término aparece en el Capítulo 22. (N. del T.)

Grupo uno: observó al terapeuta realizar actividades cada vez más difíciles en una alberca, que iban desde meterse en ella y desarrollar ejercicios en el agua. Después, se pedía a cada niño que ejecutara lo mismo; se le alentaba y ayudaba (cuando era necesario) para que lo hiciera; por último, el terapeuta lo felicitaba, pero ya no había más terapias de modelado.

Grupo dos: observó al terapeuta llevar a cabo una serie de actividades deportivas en un cuarto de juegos junto a la alberca. Posteriormente, se le pidió a cada uno que realizara, de la misma manera, actividades acuáticas idénticas a las que el primer grupo había hecho.

Grupo tres: observó al terapeuta ejecutar actividades relacionadas con el agua. Más tarde, se pidió a cada niño que participara con el terapeuta en las actividades deportivas que se habían realizado como modelo para este grupo.

Los grupos uno y dos alcanzaron un progreso similar como resultado del tratamiento. Sin embargo, tres meses después, el grupo uno no sólo se mantuvo en su posición sino que la mejoró, mientras que el grupo dos retrocedió y su miedo aumentó. El grupo tres no mostró cambio alguno en su miedo en cuanto al agua después de seguir el tratamiento.

Asimismo, es posible idear un plan similar de tratamiento para los niños pequeños con fobia a bañarse, con base en la exposición gradual y la terapia de modelado, el cual resulta eficaz. Del mismo modo, los estudios indican que si se logra una reducción en el miedo en un aspecto de la fobia al agua, como lo es la fobia a bañarse, entonces la ansiedad disminuye en gran medida en otras situaciones; por ejemplo, ir a la playa. Se espera que la investigación sobre los mecanismos subyacentes a este tipo de fobia, así como la comprensión de ésta, permitan perfeccionar los programas de tratamiento, en particular con relación en los adultos fóbicos.

Capítulo 17

Fobias específicas, subgrupo Otras fobias: acrofobia

La acrofobia, el miedo a las alturas, es una fobia específica común que puede afectar hasta al cinco por ciento de la población en cualquier momento dado. El trastorno, que aqueja tanto a hombres como a mujeres, se puede motivar por un amplio abanico de estímulos; por ejemplo, edificios altos, bordes de precipicios, puentes, cubiertas superiores de los barcos, elevadores, viajes aéreos, así como distintos tipos de escaleras: los tramos de escaleras, escaleras eléctricas y escaleras plegables.

Síntomas

Generalmente, los acrofóbicos presentan miedo a cualquier tipo de lugares altos y los evaden. Es más, a veces sienten el miedo causado por acrofobia a las alturas que otras personas considerarían regulares. Como es común en muchas otras fobias, una de las alternativas viables para las personas afectadas es evitar, en general, los lugares altos.

Hubo un tiempo cuando esto sí funcionaba; no obstante, hoy en día, en la mayoría de las grandes ciudades mundiales evitar las alturas se ha vuelto imposible. En la gran parte del mundo, oficinas, tiendas y departamentos ubicados en edificios altos son una realidad cotidiana que implica el uso de escaleras altas, elevadores o escaleras eléctricas. El que viaja en automóvil o en tren no puede evitar pasar por puentes y pasos a desnivel. Así pues, es evidente que la acrofobia puede complicar la vida normal de la persona que la padece.

Desarrollo

Los estudios recientes han dado a conocer ciertos aspectos interesantes del miedo a las alturas; pero al igual que con la mayoría de las fobias, aún quedan muchas dudas por disipar. Al parecer, la afección ha perseguido a la humanidad a lo largo de su historia; aparece ya en los tempranos escritos históricos; por ejemplo, en los trabajos de Hipócrates.

Parece sensato que los humanos —los menos ágiles de los primates— tengan un sentido de precaución bien desarrollado en cuanto a las alturas como una medida de supervivencia. Este hecho llevó a varios investigadores a pensar que los factores biológicos y evolutivos están involucrados en la adquisición del miedo a las alturas en el hombre (ver Capítulo 21).

En los años sesenta se llevó a cabo una interesantísima serie de experimentos que demostraron que el miedo a las alturas se manifiesta desde que el pequeño aprende a moverse sin la ayuda de otros. Para estos experimentos, se utilizó un aparato llamado "el abismo visual": colocaron una hoja de vidrio a cierta altura, de modo que estuviera separada del piso. Dividieron esta hoja a la mitad; en una de ellas, pegaron un pedazo de papel estampado por debajo del vidrio. Al final de esta mitad, colocaron una tabla de madera, forrada con el mismo papel. En la otra mitad de la hoja de vidrio, colocaron el mismo estampado pero a la altura del piso, lo que producía una ilusión visual que daba la apariencia de que después de la tabla de madera forrada se terminaba el piso, como si hubiera un abismo. En el aparato se evaluó a los infantes que podían gatear. Al bebé lo colocaban al centro de la tabla; en seguida, la madre lo llamaba primero del lado de vidrio forrado y, después, del extremo donde aparentemente había un abismo. Cuando la madre estaba del lado donde no había "abismo", el pequeño gateaba hacia ella sin vacilar, mas no se atrevía a moverse por el lado con "abismo", aun sintiendo la superficie sólida del vidrio. Los mismos resultados se obtuvieron con las crías de animales: corderos, cabritos y pollitos.

Los experimentos posteriores mostraron que la respuesta de miedo, medida a través de pulsaciones aceleradas, sólo ocurría en los bebés que ya sabían gatear. En los infantes más jóvenes, incapaces todavía de moverse, no se registraron alteraciones en los latidos del corazón en la misma situación.

Estos resultados, junto con otras investigaciones, han llevado a algunos expertos a formular la teoría no asociativa (ver p. 195) de la adquisición de acrofobia y algunas otras fobias específicas, tales como el miedo al agua (ver p. 187). En resumidas cuentas, la teoría consiste en lo siguiente: la fobia en la vida adulta se produce a partir de un miedo innato, relacionado con el desarrollo, y sin ningún efecto adverso o de condicionamiento. Es probable que los resultados de evaluaciones y cuestionamientos directos de los acrofóbicos que buscaron ayuda médica sostengan la teoría. Estas pruebas indican que tan sólo un doce por ciento de los acrofóbicos recuerdan experiencias directas y adversas relacionadas con alturas, que pudieron haber causado su afección.

La mayoría de ellos opina que siempre han sido fóbicos y que, al parecer, esto puede explicarse con la teoría no asociativa. Los partidarios de ésta proponen que en la mayor parte de la población las experiencias durante el desarrollo disminuyen el miedo a las alturas hasta un nivel que podríamos llamar "cautela normal" (habituación). Sin embargo, en aquellos que se convierten en fóbicos, este proceso, por tal o cual razón, no se lleva a cabo; por tanto, a estas alturas, el motivo del miedo es diferente. No todos los expertos están de acuerdo con esta teoría pero las pruebas existentes permiten, por lo menos, suponer que el miedo a las alturas en niños, que se manifiesta temprano en la vida y está relacionado con el desarrollo, puede estar implicado en la adquisición de la afección.

Otro aspecto interesante de la fobia a las alturas es un hecho revelado en el curso de las encuestas de acrofóbicos: resulta que éstos no siempre se dan cuenta de lo irracional que es su miedo. Precisamente por eso no pueden caer en la cuenta de que su miedo es excesivo y no corresponde al grado de peligro de la situación (este hecho se tomó como uno de los criterios de diagnóstico para las fobias específicas). En un estudio, se cotejaron las creencias y niveles de miedo del grupo de acrofóbicos contra aquellas del grupo control sin la fobia en relación con la idea de subirse por una escalera plegable de tres niveles.

Antes de la prueba, los acrofóbicos presentaron niveles de ansiedad debido a la anticipación de la subida: la mayoría creía que iba a caer y sufrir heridas graves. Además, todos veían justificada su ansiedad, pues sabían que se les iba a pedir que subieran las escaleras. El grupo control no mostró dicha ansiedad y no creyó que corriera gran peligro. Se obtuvieron resultados similares al utilizar las encuestas para revelar el nivel de miedo en los acrofóbicos. Esto reforzó la tesis de que las personas con esta afección tienen poca fe en su capacidad para controlar la situación.

Tratamiento

Varios expertos han llevado a cabo diversas pruebas del tratamiento de acrofobia, basadas en terapia conductual, cognitiva y conductual-cognitiva. Los mejores resultados se obtuvieron mediante el tipo de tratamiento que consiste en una exposición gradual *in vivo* al objeto de miedo, bajo el control de un terapeuta; los resultados especialmente alentadores se obtuvieron con la técnica conocida como dominio asistido.[12] Con todo, muchos especialistas opinan que convendría poner mayor atención a la variedad de concepciones negativas vinculadas a la acrofobia, ya que cambiar estas concepciones antes de proceder con el programa de tratamiento de exposición podría ser de utilidad para el paciente.

---

[12]Consiste en una exposición gradual a los estímulos de la fobia bajo la orientación de un especialista: por ejemplo, el terapeuta acompaña a un agorafóbico cuando éste por primera vez maneja en carretera, o el paciente que padece de fobia a los perros pone la mano en el brazo del terapeuta que acaricia a un perro. La meta final de esta serie de ejercicios es el *dominio* de la situación; de ahí su nombre. (N. del T.)

Capítulo 18

Fobias específicas, subgrupo Otras fobias: fobia al atragantamiento

Síntomas

La fobia al atragantamiento es una condición al parecer rara que se caracteriza por un temor desmesurado al atragantamiento mortal con alimentos, bebidas, medicamentos o pastillas. Comúnmente suele asociarse con el alimento o pastillas más que con los líquidos, por lo que los fóbicos generalmente tienen dificultades a la hora de comer: prefieren alimentos que consideran menos peligrosos, tales como sopas, purés, yogures, pero evitan el consumo incluso de este tipo de comida, por lo que es común que bajen de peso. Suelen masticar demasiado la comida antes de tragarla para reducir aún más el supuesto riesgo de atragantarse.

Los fóbicos admiten que su miedo es excesivo y desean volver al consumo normal de alimentos; en esto radica la diferencia principal de los pacientes de anorexia nerviosa y otros trastornos alimentarios.

Tampoco se les puede relacionar con las personas que padecen del "globus", que experimentan la sensación de un "nudo" o trozo de algo en la garganta al tragar. Anteriormente esta afección se conocía como *Globus hystericus*, pues se pensaba que era un síntoma de ansiedad aguda. Sin embargo, hoy en día los médicos reconocen que dicha sensación sí puede atribuirse a una causa física, como, por ejemplo, un rasguño en la garganta hecho por un trozo sólido de alimento. Pero cualesquiera que sean las causas del "globus", las personas que la padecen indican que aunque sienten una molestia al pasar la comida por la garganta, no tienen miedo a atragantarse. La dificultad para deglutir, relacionada con un trastorno físico evidente (en la mayoría de las veces con el esófago), se llama disfagia. Por lo tanto, se puede distinguir claramente la fobia al atragantamiento de esta afección, que tiene una causa orgánica que puede identificarse con facilidad.

Desarrollo

De acuerdo con los conocimientos psiquiátricos actuales, esta fobia surge súbitamente tras sufrir un traumático y aterrador episodio de atragantamiento. Una vez más, la irracionalidad de miedo aparece a partir del hecho de que tal experiencia puede ser objeto de duda.

Es muy probable que usted haya experimentado un ligero atragantamiento y sabe cuán desagradable puede ser esto. O quizá se le haya cortado la respiración, por lo que recuerda la sensación espantosa de no poder respirar por un momento.

Es obvio que el atragantamiento es sumamente angustiante y aterrador. También —aunque esto no es común— atragantarse con un trozo de comida u otro objeto imposible de sacar tosiendo puede resultar a veces en la muerte. Algunos sobreviven sólo gracias a la ayuda de alguien más empleando, probablemente, la maniobra de Heimlich.[13] Escuchar a otros hablar sobre sus experiencias traumáticas con atragantamiento también puede contribuir a mantener el miedo fóbico, aunque se piensa que es más importante sufrir un episodio traumático que provoca la fobia. Ciertos fóbicos se sienten más seguros si comen en compañía de otros, pues saben que recibirían la ayuda necesaria en caso de emergencia.

Un estudio propone que aquellos que padecen esta fobia no sólo están muy angustiados y preocupados por la sensación relacionada con el consumo de alimentos (masticar, deglutir, etcétera), sino también por otras producidas por ciertas funciones corporales. Es probable que dichas ansiedades siempre hayan estado presentes y un episodio de atragantamiento las haya agravado, lo cual permite que

---

[13]Técnica desarrollada por el Dr. Henry Heimlich que consiste en presionar el puño contra el abdomen de una persona que se está ahogando y levantarla con fuerza; así, la fuerza del aire puede sacar la obstrucción de la garganta y boca. (N. del T.)

contribuyan al desarrollo del miedo fóbico. Por otro lado, se declara que la ansiedad elevada misma puede ser consecuencia de desarrollo de la fobia.

De acuerdo con otro estudio, es probable que aquellos que desproporcionadamente temen a la muerte corran un mayor riesgo de desarrollar la fobia tras un episodio de atragantamiento. Dada la importancia de episodios que desencadenan la fobia, no es de sorprenderse que no exista una edad determinada para el comienzo de la afección. Los bebés y personas de edad son propensos a dichos episodios, aunque éstos pueden ocurrir en cualquier etapa de la vida. Además, tampoco importa el sexo de la persona, dado que esta fobia afecta de igual manera tanto a mujeres como a hombres.

Tratamiento

Debido a la rareza de este tipo de fobia, nunca se han llevado a cabo estudios comparativos sobre métodos de tratamiento; no obstante, se han reportado resultados satisfactorios en el uso de terapias y medicamentos conductuales y conductual-cognitivos. La terapia conductual tiene como base una exposición gradual: en el caso del miedo al atragantamiento consiste en animar al paciente a que comience a consumir alimentos, que van desde los más "seguros" y blandos hasta llegar a los más duros y temidos. El terapeuta acompaña al fóbico durante todo el proceso y además trabaja con el para que no mastique en exceso.

Mediante estos mismos métodos, es posible disminuir en algunas personas los prejuicios en cuanto al consumo de alimentos y el riesgo de atragantarse; para otras, sin embargo, puede resultar útil hacer experimentos conductuales; esto es, demostrar la eficacia de tos para sacar trozos de comida o practicar ejercicios de deglución. Tratamientos medicamentosos actuales pueden ser de utilidad para ciertos fóbicos; en particular, se considera que los ISRSs pueden resultar útiles. Es comúnmente aceptado que las terapias conductual y conductual-cognitiva constituyan el mejor tratamiento para todas las fobias específicas, incluyendo la fobia al atragantamiento.

Capítulo 19

Fobias específicas, subgrupo Otras fobias: fobia dental

Síntomas

Los niños y adultos por igual a menudo sienten ansiedad y aversión ante la terapia dental; parece que ir al dentista es uno de los miedos más grandes del ser humano. En todos los países donde se han realizado encuestas a fondo, se reveló que el temor ante el odontólogo es el miedo predominante. Por lo general, en las encuestas se ofrecía un tipo de cuestionario sobre los "miedos dentales". Los resultados muestran una alta incidencia de ansiedad, que incluso puede llegar al 36 por ciento de los encuestados. Los porcentajes varían de encuesta en encuesta, pero al parecer permanecen dentro de los límites del tres al cinco por ciento en adultos y del seis al siete por ciento en niños.

Un porcentaje bastante más grande, que puede alcanzar hasta la tercera parte de los adultos, siente una ansiedad considerable o inclusive pavor ante la visita al odontólogo y hace hasta lo imposible para evadirla. Los resultados también muestran que la fobia dental es más común en mujeres que en hombres y que los púberos y adolescentes son los más afectados. Es raro que la afección aparezca por vez primera en los adultos; con la edad, la incidencia disminuye.

Las investigaciones revelan que este tipo de fobia es un trastorno de naturaleza complicada, donde muchos factores están en juego. Aquellos que padecen de fobia dental, como muchos otros fóbicos, tienen varias creencias negativas e incluso catastróficas sobre las operaciones odontológicas, a menudo no sólo relacionadas con el tratamiento en sí, sino con las experiencias dolorosas que lo acompañan: inyecciones, fresas, extracción de muelas, o bien el temor a que la anestesia no funcione, pánico, pérdida de control o terror ante algo espantoso que les pueda pasar. A menudo, los fóbicos albergan sentimientos negativos contra los dentistas, generalmente basados en las experiencias anteriores: pueden creer que los dentistas son personas frías, insensibles y sin alma, propensos a perder la paciencia con adultos quienes temen al tratamiento dental.

Otro aspecto, quizá sorprendente, es la medida en que la fobia dental puede llegar a interferir en la vida cotidiana. En un estudio, se reveló que la mitad de los fóbicos sentían que su afección notablemente perjudicaba sus relaciones sociales y familiares. Los miedos comunes tienen que ver con comer en lugares públicos y con la necesidad de ocultar los dientes, tapándolos con la mano al reírse, por ejemplo, pues el fóbico piensa que los demás pueden darse cuenta del estado de sus dientes.

Es más, hasta las relaciones personales pueden verse dañadas, porque al fóbico puede costarle trabajo besar a otra persona o bien los familiares lo pueden presionar para que vaya al dentista. De ahí sigue que sólo con evitar la visita al odontólogo no baste para la tranquilidad del fóbico. De hecho, hay pruebas que sugieren que los fóbicos dentales se preocupan bastante por la condición de sus dientes, así como de la higiene bucal, y se sienten perturbados al ver comerciales televisivos sobre pastas dentales contra la caries. A muchos les da miedo admitir que tienen fobia o hablar de ella con otras personas, porque temen convertirse en objeto de burla. Frecuentemente, un adulto que padece de fobia dental piensa que su temor es infantil, por lo que se siente avergonzado.

Además, hay ciertas pruebas que muestran que los fóbicos dentales sienten gran ansiedad en otros aspectos de su vida, tal vez debido a su temperamento. Las diferencias de éste explican en parte por qué en un grupo de personas que han tenido experiencias similares con dentistas algunas sí tienen miedo mientras que otras, no. En un estudio se mostró que un grupo de fóbicos dentales, que con la ayuda de la terapia se liberaron de su miedo, presentó una significante reducción en los días que faltaron al trabajo, así como una baja en el consumo de alcohol, que servía para mitigar la ansiedad.

Desarrollo

El objetivo de un gran número de investigaciones fue intentar descubrir los factores principales en el desarrollo de la fobia dental. Durante estas investigaciones, han salido a la luz algunos aspectos interesantes. Al igual que con otras fobias específicas, se examinó la función de las experiencias adversas de tratamiento dental que en este caso casi siempre son dolorosas; resultó que estas experiencias condicionantes claramente cumplen un papel determinado, de acuerdo con los informes de muchos fóbicos dentales.

Sin embargo, parece que para el desarrollo de la fobia no basta con una experiencia dolorosa; además, es importante considerar que muchos no fóbicos también han sufrido dolor durante el tratamiento, lo que nos lleva a pensar que las experiencias adversas sólo son una parte de la respuesta. Tampoco hay que olvidar que el "umbral del dolor" puede ser más bajo en algunas personas; es decir, que diferentes personas toleran diferente el dolor. Es probable que aquellos con el umbral más bajo corran mayor riesgo de desarrollar la fobia dental.

Se ha propuesto que el temor al tratamiento odontológico es una cualidad intrínseca del ser humano y que, por consiguiente, puede explicarse como una especie de mecanismo evolutivo o de adaptación (ver Capítulo 21). La visita al dentista implica recostarse en un sillón elevado, de donde es difícil escapar (lo cual constituye en parte la sensación de estar atrapado, común en los claustrofóbicos).

El dentista, quien es un conocido o un completo desconocido para el paciente, introduce instrumentos en la boca de éste y puede acceder a las áreas más vulnerables del rostro y garganta. No es de extrañar, entonces, que esta situación signifique peligro para el paciente y, en el hombre antiguo, provocara pánico. Los partidarios de la teoría evolutiva o de preparación proponen que quizá el desarrollo de la fobia dental se debe a una especie de "memoria" de este tipo de peligro, modificada por las experiencias propias del fóbico.

Como se mencionó anteriormente, la naturaleza de la relación entre dentista y paciente en la infancia constituye otro factor importante. Muchos individuos que de niños tuvieron experiencias negativas con odontólogos sienten que esto contribuyó a su miedo actual; les es difícil hacer desaparecer la imagen de dentistas como seres insensibles y poco comprensivos, lo que refuerza su miedo y evasión actuales. Resulta que la relación con el dentista en la infancia es particularmente importante en aquellos que durante los primeros tratamientos no sufrieron dolor alguno.

Es interesante notar que en el grupo control de los no fóbicos que pasaron por un tratamiento doloroso durante la infancia, la mayoría de los individuos sentía que sus médicos los habían tratado bien, fueron comprensivos y se preocuparon por su paciente. Como es de esperar, parece que era más fácil soportar el dolor y menos probable de tener un efecto duradero si el médico mostró una actitud humana.

Desafortunadamente, resulta difícil evaluar la importancia de esta información en virtud de dos razones principales: en primer lugar, porque se basa en las memorias del pasado y, en segundo, porque es probable que un niño muy asustado que no quiere cooperar con el dentista se equivoque por completo en cuanto a la verdadera intención de éste.

Hoy en día, la mayoría de los odontólogos hacen todo lo posible para tranquilizar a sus pacientes pequeños. En ocasiones a los padres se les recomienda llevar a consulta a sus hijos, por muy pequeños que sean, para que se acostumbren a los procedimientos comunes en un consultorio. Es sumamente raro hoy que el dentista no sea comprensivo con los pacientes pequeños; sería interesante ver si este hecho afectará significativamente la incidencia de la fobia dental en el futuro.

Otro factor vinculado al desarrollo de este tipo de fobia que se ha examinado es el papel de información y condicionamiento indirectos. Parece probable que la ansiedad que sienten los padres del niño —pero sobre todo las madres— con respecto al tratamiento dental se transmite en los hijos; sin embargo, es la experiencia propia del pequeño que confirma o refuta estos temores. Algunos especialistas proponen que el niño no tanto "aprende" el miedo al ver a uno de sus padres asustado, sino que su existencia proviene de una predisposición genética a la ansiedad que corre en la familia. Como ya indicamos anteriormente, son las características temperamentales individuales, determinadas por las influencias genéticas y no por las del medio, que desempeñan una cierta función en algunos casos de la fobia dental. Con todo y eso, nada indica que en cualquier grupo de fóbicos, estén en juego uno o más factores causales que interactúan entre sí.

Una vez que se le haya diagnosticado al paciente esta fobia, es probable que existan varias razones de su preservación. La evasión es una de ellas, pero sólo en parte, en virtud de una razón usual en las fobias: a pesar de la ausencia de experiencias dentales posteriores, las creencias negativas en cuanto al tratamiento dental no desaparecen. De hecho, las investigaciones muestran que los fóbicos dentales, junto con otras personas cuyo miedo es extremo, a menudo permanecen con el sentimiento de ansiedad, por lo que dejan de acudir al dentista. Según parece, la disminución del miedo depende en gran medida de las creencias y prejuicios del paciente con respecto al dolor.

Un estudio indicó que el temor se reducía con las subsiguientes visitas al dentista si se cumplía con los dos siguientes criterios. Primero, si el nivel de dolor era menor al imaginado; segundo, si el paciente creía que este patrón se repetiría en el futuro. Si el fóbico seguía esperando niveles altos de dolor, era más probable que su miedo permaneciera, a pesar de que la experiencia indicaba lo contrario. Las visitas al dentista posteriores para la revisión sin necesidad de tratamiento también mostraron ser poco eficaces en combatir el miedo. Se ha propuesto que el intervalo entre tales visitas rutinarias era demasiado largo como para ser una parte importante de la terapia de exposición.

Otro aspecto de evasión en la fobia dental es el hecho de que sólo da como resultado un alivio temporal de la ansiedad puesto que, como se mencionó anteriormente, la evasión a los dentistas incrementa el grado de ansiedad en los fóbicos, ya que a menudo están preocupados por la salud de sus dientes y están conscientes de las probables consecuencias de descuidarlos.

Tratamiento

Al parecer, la fobia dental es una afección más compleja que algunas otras fobias específicas en cuanto a la interacción de varios factores de distinta naturaleza; de éstos, los más importantes son la experiencia propia, las expectativas del dolor, la relación con el dentista, las creencias y la habilidad de controlar la ansiedad. Frente a esta complejidad, es necesario contar con una serie bastante amplia de métodos de tratamiento, por lo que se ha intentado una gran variedad de enfoques, muchos de los cuales resultaron exitosos, aunque no todos, pues de un cuarto a una tercera parte de los pacientes permanecen en su condición de fóbicos. Se ha probado tanto la terapia conductual como la conductual-cognitiva. En algunos casos, éstas incorporan las técnicas de relajamiento, métodos para mejorar la autoestima (la creencia de la persona que es capaz de soportar las operaciones odontológicas), así como las estrategias de control y comunicación, donde el paciente aprende determinadas señales para poder detener con facilidad el proceso odontológico o simplemente comunicar al dentista que siente una molestia.

Se cuestionó a un grupo de pacientes que estuvieron bajo este tipo de tratamiento para determinar su eficacia; éstos indicaron que para reducir el temor y permitirles soportar el tratamiento, era necesario que se cumplieran cuatro condiciones: saber por completo y con anticipación los detalles del tratamiento, poder creer que el dentista toma su ansiedad con seriedad y no la juzga como una actitud infantil o ridícula, así como tener un determinado grado de control sobre el tratamiento. Por todo lo anterior, parece probable que para muchos fóbicos una buena relación con el dentista y la participación en la terapia son de suma importancia.

Las terapias conductual-cognitiva mostraron ser útiles para los fóbicos con las creencias catastróficas acerca del tratamiento odontológico, y para las personas con el temor a un ataque de pánico. Se espera que las futuras investigaciones acerca de la naturaleza de la fobia dental permitan desarrollar nuevos programas de tratamiento, en particular teniendo en cuenta a aquellos fóbicos cuya condición no mejora con las terapias actuales.

Capítulo 20

Fobias específicas, subgrupo Otras fobias: Taijin-Kyofu-Sho

Taijin-Kyofu-Sho o TKS es una fobia muy interesante e insólita pues afecta prácticamente sólo a los japoneses y proviene, de manera directa, del código de comportamiento social adoptado en este país oriental.

Aunque la TKS es una especie de fobia social, tiene una diferencia importante: el fóbico siente miedo a que su comportamiento les haga pasar vergüenzas u ofenda a otras personas; por ejemplo, al quedarse mirando a otros (en especial, mirar sus áreas íntimas), poner mala cara, ruborizarse o despedir gases intestinales.

Las interacciones sociales en Japón se rigen por un código de comportamiento que exige de las personas saber percibir señales sutiles en otros y estar muy atentos a sus sentimientos y necesidades. Se espera que uno pueda hacerlo sin la necesidad de comunicación oral y que anteponga la voluntad de los demás por encima de las suyas.

Considerando este código cultural, es probable cometer errores y hacer que los demás se sientan incómodos sin darse cuenta. Si bien por lo general esto no es un gran problema, un fóbico que padece de TKS puede llegar a temerlo desmesuradamente. Es en compañía de conocidos y compañeros de trabajo donde la ansiedad llega a su grado máximo, mientras que el fóbico es mucho menos ansioso cuando está con su familia, amigos cercanos o con desconocidos.

La TKS afecta más a los hombres que a las mujeres; suele presentarse durante la adolescencia y es poco probable que se manifieste por primera vez durante la madurez. Es una fobia común en Japón, aunque también se sabe de los casos de la TKS entre los japoneses que viven en el extranjero.

Capítulo 21

Desarrollo de fobias

En años recientes, una considerable parte de la investigación en el área de psicología clínica se ha destinado a establecer por qué los humanos padecemos de fobias. Los psicólogos han propuesto diversos modelos teóricos del desarrollo fóbico y han intentado probar su validez mediante experimentos controlados con fóbicos en un entorno clínico.

Otra rama de las investigaciones se dedica a explicar el funcionamiento de los mecanismos subyacentes que hace posible la preservación de las fobias una vez que éstas aparecen; se han mencionado muchos de estos mecanismos en los capítulos anteriores.

La etiología, esto es, el desarrollo de fobias, es un tema complejo, en relación con el cual los expertos mantienen distintos puntos de vista: unos dan preferencia a un modelo, mientras que otros se pronuncian por otro. Algunos incluso opinan que ningún modelo por sí mismo puede explicar todas las fobias, y que diferentes mecanismos de desarrollo subyacentes están en juego. De hecho, si las fobias se agruparan de acuerdo con su etiología, se podría obtener un conjunto de categorías muy distinto al que manejamos hoy en día.

Para entender plenamente los modelos teóricos del desarrollo de las fobias es indispensable un conocimiento amplio de psicología, lo cual está fuera del alcance de este libro. Enseguida, se hace un intento por simplificar y resumir algunas ideas complejas fundamentales.

Uno de los problemas principales que los psicólogos han tenido que resolver es la razón por la cual algunos temores son mucho más frecuentes que otros.

Distribución no aleatoria de los temores fóbicos

Si bien se sabe que casi cualquier estímulo es capaz de suscitar una respuesta fóbica, esto sucede mucho más seguido con algunos, fenómeno que se conoce como "la distribución no aleatoria de los temores fóbicos".

El entender las fobias implica también entender y explicar el motivo por el que predomina mucho más el miedo a serpientes, arañas, alturas, espacios cerrados, agua, multitudes, tormentas, sangre o reuniones sociales que, por ejemplo, el temor a vacas, piedras o electricidad.

En los estudios tempranos se suponía que todas las fobias se adquirirían a un nivel inconsciente y estaban completamente fuera del alcance de las creencias personales, pensamientos, emociones o suposiciones. Ahora se piensa que éstas últimas, que con el tiempo recibieron el nombre de "factores cognitivos", son fundamentales para la preservación del temor fóbico y es casi seguro que contribuyan a su desarrollo.

Los modelos etiológicos de fobias suelen dividirse en tres amplias categorías: se piensa que las fobias del primer tipo operan más que nada en el nivel inconsciente, mientras que las del segundo pueden analizarse conscientemente. Ahora, sin embargo, muchos expertos reconocen la probabilidad de que se traslapen, lo cual da lugar a una tercera categoría.

Se puede considerar que algunos modelos "inconscientes" operan tanto a nivel del ser humano en general como a nivel individual. Algunos de ellos pueden incluirse en un grupo amplio de modelos evolutivos ("biológicos").

Un ejemplo del modelo inconsciente y biológico que opera a nivel individual es el condicionamiento clásico. Aunque desde hace mucho se reconoce que con tan solo utilizar este modelo no se puede explicar satisfactoriamente el desarrollo de las fobias, en los últimos años se ha reconsiderado y perfeccionado el proceso entero de condicionamiento.

Los modelos actuales de condicionamiento toman en cuenta los factores cognitivos y, por lo tanto, admiten la existencia de interacción entre los procesos psicológicos conscientes e inconscientes (la tercera categoría). Varios especialistas opinan que estos perfeccionados modelos de condicionamiento son más que suficientes para explicar casi todos los casos de fobia. Otros modelos se enfocan principalmente en los factores cognitivos (conscientes) de fobias, en virtud de lo cual parece lógico agruparlos en la segunda categoría.

Modelos y teorías evolutivos[14]

La esencia de la teoría evolutiva darwiniana consiste en que los cambios ligeros en las características biológicas, determinadas por los genes, pueden darse por casualidad en individuos o especies. Si como resultado de este cambio el individuo obtiene una ligera ventaja, surge la probabilidad de que su progenie sea sana y obtenga las mismas características. Con el tiempo, el número de individuos cada vez mayor llegará a tener esta cambiada característica, siempre y cuando siga representando una ventaja; este fenómeno recibió el nombre de adaptación.

Hay psicólogos que opinan que con argumentos evolutivos o adaptacionistas se puede explicar ciertos trastornos humanos conductuales o de ansiedad, incluidas las fobias. En rigor, para que sean creíbles las teorías evolutivas o adaptacionistas, sería necesario demostrar que los trastornos conductuales están programados genéticamente. Los psicólogos que apoyan estas teorías parten de la premisa, bastante amplia, de que el surgimiento de ansiedad o miedo bajo circunstancias apropiadas (Ej., peligro) es de suma importancia para la sobrevivencia, ya sea del individuo o

---

[14]Fundamentalmente pertenecen a la categoría de modelos inconscientes.

de la especie. El miedo, así como el estado de excitación psicológica y vigilancia elevados que lo acompañan, no sólo se presenta en los humanos, sino también en muchas otras especies animales, de manera que resulta fácil aceptar la tesis de que el miedo sí constituye una ventaja para la adaptación. Asimismo, no cabe duda de que los procesos fisiológicos o biológicos, que probablemente están relacionados con el miedo (tales como la liberación de la hormona adrenalina para preparar el cuerpo para la modalidad "tema, huya, combata") están programados genéticamente.

Los psicólogos evolucionistas nos remiten a los datos que sugieren que de hecho hay una tendencia a nivel familiar, y por lo tanto, quizá genética, en por lo menos algunos de los temores fóbicos. Asimismo, opinan que la misma agrupación de esos temores en torno a ciertos estímulos (en otras palabras, la distribución no aleatoria) requiere una explicación adaptacionista; de igual manera, proponen que, a pesar de que las fobias surgen como respuestas a temores aparentemente irracionales, pueden explicarse, por lo menos en parte, con modelos y teorías evolutivos. Enseguida, se describen dos de las teorías más importantes de este tipo.

Teoría de preparación

La teoría de preparación, por vez primera propuesta hace casi treinta años, se apoya en dos presuposiciones. La primera consiste en que los seres humanos poseen una predisposición o "preparación" para temer a un determinado estímulo. Se supone que estos estímulos representaban peligro para el hombre antiguo y, por ende, el miedo y la excitación fisiológica como respuesta a ellos constituían una ventaja, de acuerdo con los principios evolucionistas.

La evolución es un proceso muy extendido en el tiempo, pero el ser humano ha evolucionado sumamente rápido; de ahí que la predisposición a ciertos temores persista en nosotros, aunque los estímulos mismos ya no son importantes. Sin embargo, lo que no explica esta teoría es la existencia de las fobias.

La segunda presuposición consiste en lo siguiente: el clásico condicionamiento pavloviano (ver p. 227), que consiste en ocurrir una experiencia desagradable o traumática (el estímulo no condicionado o ENC), en la presencia del estímulo activa la fobia. Por lo tanto, según la teoría de preparación, los procesos evolutivos del pasado y los procesos de condicionamiento que actúan sobre el individuo en el presente producen la fobia. Los partidarios de esta teoría son de la opinión de que ella explica la distribución no aleatoria de los temores fóbicos. Efectivamente, algunas investigaciones han demostrado que no es muy difícil inducir una respuesta fisiológica de "miedo" (que se mide mediante pruebas de conductividad de piel y el número de pulsaciones) para los estímulos que a menudo provocan fobias.

Para mejorar más la teoría, se ha propuesto que la evolución incluye dos sistemas de miedo adaptable en la psique humana. El primero se llama "sistema de defensa contra el depredador" y se cree que se activa en el caso de las fobias animales o de "amenaza"; por ejemplo, la fobia a las alturas. El segundo se conoce como "sistema de sumisión social"; se piensa que reacciona a los estímulos que permitieron a los primeros humanos ocupar un determinado lugar en la jerarquía familiar tribal: probablemente, eran los gestos (por ejemplo, la expresión de enojo o de desaprobación) y ademanes amenazadores que desempeñaban el papel de estímulos. Asimismo, se ha propuesto que es justo este sistema de sumisión el que se activa por experiencias adversas en casos de fobia social.

A pesar de que hay muchas pruebas, incluyendo una serie de resultados obtenidos en las pruebas de laboratorio (ver mecanismos preatentivos, p. 229) que apoyan ciertos aspectos de la teoría de preparación, no todos los expertos la aceptan, en parte debido a la existencia de pruebas indiscutibles del papel de los factores cognitivos en fobias; la teoría de preparación no los toma en cuenta.

Teoría no asociativa

La teoría no asociativa tiene algunas similitudes con el modelo de preparación, recién explicado brevemente, pero es más limitada pues se usa sobre todo para explicar las fobias específicas y los miedos del desarrollo que surgen en la infancia.

Se ha propuesto que la mayoría de los estímulos que provocan fobias específicas representaban peligro para los primeros humanos, principalmente para los niños pequeños que se alejaban de sus padres. La ansiedad elevada, la excitación fisiológica y la conciencia del peligro aumentaban las probabilidades de salvación; de este modo, las respuestas fóbicas innatas en la presencia de estímulos prepotentes eran necesarias para la adaptación y se incorporaron en la composición del ser humano.

La teoría no asociativa sugiere que esta habilidad innata de responder con miedo probablemente se activa en los niños al encontrarse éstos por primera vez con estímulos prepotentes pero que no llegan a constituir una experiencia traumática o adversa. Asimismo, se propone que en general las experiencias individuales hacen que el miedo disminuya y gradualmente desaparezca, esto es, que la habituación tenga lugar. En ciertos niños, no obstante, este proceso no ocurre, de modo que el grado de miedo permanece alto y se traduce en fobia. Es probable que éste se transfiera a la vida adulta, mas si esto no sucede y la fobia aparece más tarde en la vida, se puede interpretar como el resurgimiento del miedo innato al desarrollo. Se piensa, incluso, que el motivo de tal desencadenamiento se deba a una experiencia estresante no relacionada, tal como la pérdida de un ser querido o depresión.

Aunque algunos argumentos a favor de esta teoría pueden ser de utilidad (por ejemplo, para explicar el surgimiento de temores en la infancia), parece que la teoría como tal es inadecuada para dilucidar el carácter de fobias específicas. La objeción principal consiste en que hay muchos testimonios de que las experiencias traumáticas (condicionantes) cumplen una función importante en muchos casos de fobias específicas, lo cual es inadmisible en la teoría no asociativa.

Otros modelos y mecanismos inconscientes

Condicionamiento clásico (pavloviano)

El condicionamiento clásico se basa en los experimentos del fisiólogo ruso Iván Pávlov, quien a principios del siglo XX demostró que es posible "condicionar" a los perros para que asocien un estímulo con el otro, no relacionado con el primero. Pávlov acercaba a los perros un trozo de carne, lo que producía en ellos secreción de saliva como una respuesta normal y no condicionada (RNC) a la presencia del alimento, al tiempo que sonaba un metrónomo o una campana. Después de varias pruebas, los perros salivaban esperando el alimento con tan sólo escuchar la campana o metrónomo pero no recibían carne.

En estos experimentos, el alimento cumplía la función del estímulo condicionado (EC); el metrónomo o la campana, de uno no condicionado (ENC), y la secreción de saliva era una respuesta condicionada (RC) o reflejo condicionado.

Se han llevado a cabo experimentos similares de condicionamiento con muchos tipos de animales, en el transcurso de los cuales se ha concluido que el reflejo condicionado surge con facilidad y produce una respuesta automática (esto es, no cognitiva). Hacia 1920, ya se había intentado probar que el condicionamiento también es posible en humanos. Los científicos realizaron un experimento con un niño de once meses, Albert (Watson y Rayner, 1920). El pequeño Albert tenía un amiguito, una rata blanca con la que le gustaba jugar mucho. En el experimento, cada vez que Albert se acercaba a la rata (EC) se producía junto a él un sonido fuerte y aterrador mediante golpes a una barra de hierro (ENC). El niño se asustaba por el sonido (RNC); tras cinco acercamientos similares a su mascota, el niño se asustaba con tan sólo verla (RC) sin escuchar el ruido. Partiendo de estos experimentos, se propuso que el condicionamiento podría explicar la mayor parte de las fobias. Sin embargo, muy pronto surgieron argumentos en contra de la teoría, válidos hasta la actualidad, que enseguida se exponen brevemente:

1. Algunas personas que padecen de la misma fobia han tenido experiencias traumáticas, mientras que otros pacientes con el mismo diagnóstico, no; por consiguiente, parece que la importancia del condicionamiento varía de fóbico a fóbico.

2. No todas las personas que han tenido experiencias traumáticas desarrollan fobia en el futuro.

3. La teoría clásica del condicionamiento afirmaría que una repetida combinación del EC con un ENC traumático debería producir una respuesta fóbica al EC, en cuyo caso podría esperarse que las fobias

poco usuales sean más comunes. En la realidad, sin embargo, se observa una evidente predisposición y facilidad de adquisición de fobias como respuesta a ciertos tipos de estímulos, lo cual contradice al condicionamiento clásico sencillo.

4. El condicionamiento indirecto, así como los factores de tipo informacional, emocional y cognitivo han demostrado ser relevantes para la adquisición y preservación de fobias. Una vez más, el condicionamiento clásico no lo admite.

Mecanismos preatentivos

Los adeptos de la teoría preatentiva parten de la hipótesis inicial que consiste en que el temor fóbico a un estímulo que, en un contexto evolucionista, representa peligro para la sobrevivencia de los primeros seres humanos, se activa en un nivel inconsciente. Ellos razonan que una activación rápida e inconsciente del temor y actitud de alerta ante un estímulo amenazador lleva una ventaja para la sobrevivencia, de modo que es una parte esencial del ser humano.

Utilizando las pruebas de conductividad de piel como indicación del estado de miedo, se llevó a cabo un número de experimentos sobre los fóbicos específicos (ya fuera a serpientes o arañas) y controles no fóbicos. A los sujetos les mostraron una serie de diapositivas con serpientes, arañas, flores u hongos. Sin embargo, algunas imágenes estaban "ocultas" y, por tanto, estaban irreconocibles ya que las recortaron, volvieron a juntar al azar y fotografiaron de nuevo. Se descubrió que los fóbicos mostraron un perceptible temor elevado como respuesta tanto a las diapositivas normales como a las "ocultas" que mostraban el estímulo de su temor. Esto apoya la teoría de la existencia de los mecanismos preatentivos.

Basándose en estos hallazgos, se ha propuesto que el condicionamiento clásico que actúa sobre los mecanismos preatentivos inconscientes es responsable de los casos de fobia animal y, probablemente, de las fobias sociales. Una serie de experimentos complicados demostró que es posible condicionar a las personas para que teman a un estímulo fóbico importante de manera inconsciente. Se ha propuesto que después de la aparición el temor puede ser alterado con procesos conscientes y cognitivos, pero que éstos son importantes para la preservación de la fobia, más que para su adquisición. De nuevo, aunque parece que las interesantes pruebas experimentales apoyan la teoría, no todos los especialistas la aceptan. La objeción principal radica en que muchos opinan que los pensamientos y creencias conscientes son fundamentales, no sólo para la preservación de fobias, sino también para su desarrollo.

Modelos cognitivos de desarrollo y preservación de fobias (de tipo consciente)

Los modelos cognitivos de desarrollo y preservación de fobias se fundamentan en un error común no sólo de los fóbicos mismos, sino también de las personas con ansiedad. Se trata de que los fóbicos equivocadamente creen que el sujeto o la situación temida representan un considerable peligro para ellos; sienten un alto nivel de ansiedad anticipatoria y temen consecuencias catastróficas en caso de ser obligados a enfrentar los estímulos. Las consecuencias pueden guardar relación con el estímulo mismo: por ejemplo, la probabilidad de ataque de un animal en caso de fobia animal, o de humillación en público cuando se trata de fobia social. El fóbico también tiene miedo a consecuencias catastróficas si éstas están relacionadas con él mismo, como lo es su propia inhabilidad para sobrellevar la situación, la probabilidad de un ataque de pánico, un colapso mental o físico, o bien un paro cardiaco. Las investigaciones muestran que antes de enfrentarse a lo temido, la mayoría de las personas tienden a subestimar el grado de temor que han de experimentar. Esta tendencia es muy común entre los fóbicos y recibió el nombre de "pronóstico negativo del temor". Según algunos modelos cognitivos, los orígenes de las fobias radican, por lo menos en parte, en el terreno de los miedos desmesurados y de las ideas falsas de las personas propensas a fobias. Por varias razones, algunos pueden correr un riesgo especialmente alto de adquirir fobia en determinadas circunstancias debido a la preexistencia de las concepciones falsas.

Se ha reunido una considerable cantidad de pruebas (algunas de las cuales se describen más arriba) que demuestran la relevancia de los factores cognitivos para diversos aspectos de fobias. Un factor de particular importancia es cómo se pueden cambiar por completo las creencias equívocas mediante exitosos tratamientos de fobia. Se piensa que las investigaciones en curso continuarán aportando información relevante en cuanto a este complejo e interesante aspecto de las fobias.

Modelos de fobias conscientes o inconscientes

Algunos especialistas opinan que se puede explicar la respuesta fóbica a través de una combinación de procesos conscientes e inconscientes, probablemente con variados grados de importancia para diferentes fobias. Es muy probable que los modelos que entran en esta categoría puedan comprender la visión moderna de condicionamiento, que admite el impacto de las creencias existentes, experiencias pasadas y actuales, aprendizaje e información indirectas, así como los factores emocionales. Los conceptos teóricos, sobre los que se basan tales modelos, son complicados y están fuera del alcance de este libro; sin embargo, contribuyen benéficamente para la comprensión del desarrollo y preservación de fobias.

Capítulo 22

Tratamiento de fobias

En los capítulos anteriores, ya se han mencionado algunas de las diversas terapias y tratamientos de fobias. El objetivo de este capítulo es definir la terminología que utilizan los psicólogos que estudian fobias y de manera breve describir algunas de las terapias. Asimismo, se analizan algunos tratamiento farmacológicos; la descripción de las "terapias alternativas", útiles, quizá, para algunos fóbicos, podrá encontrarla en el Capítulo 24. Los tratamientos psicológicos se dividen en dos categorías amplias: conductuales y cognitivos; sin embargo, en la práctica, un programa de tratamiento puede incluir elementos de ambos.

Terapias conductuales

Antes de describir las terapias propiamente dichas, parece útil definir dos procesos (extinción y habituación) que a menudo utilizan los psicólogos conductistas. Dichos procesos pueden ocurrir como resultado de tratamiento, aunque también pueden darse, hasta cierto grado, naturalmente.

Extinción es un debilitamiento progresivo que con el tiempo lleva a la desaparición de la respuesta condicionada y temerosa como resultado de exposiciones o experiencias no traumáticas con el estímulo fóbico temido. Por ende, se genera una nueva combinación no temida entre el estímulo y la respuesta mediante aprendizaje.

Habituación ("acostumbramiento") se refiere, en el campo de la psicología, a una disminución de la respuesta condicionada y temerosa que ocurre a causa de la exposición repetida al estímulo fóbico temido. Con el paso de tiempo, esta respuesta puede desaparecer por completo. Alguien no muy versado en psicología podría decir que al parecer, la diferencia entre los dos términos es muy sutil. Descubramos si es así.

Diferentes maneras de exponerse al estímulo temeroso

Todas las terapias conductuales implican diversas formas de exposición al estímulo fóbico. Los métodos varían en forma e importancia dependiendo de las concepciones y enfoques de diferentes clínicos.

Exposición imaginaria

Es una forma de exposición irreal en la cual se pide al fóbico que se imagine un encuentro con el objeto de su miedo. El terapeuta manipula de diferentes maneras las situaciones imaginarias con el fin de ayudar a disminuir el temor. Pueden utilizarse en conjunto con las exposiciones reales, también llamadas exposiciones *in vivo* (ver p. 235).

Exposiciones por medio de fotografías, videos o gráficas por computadora (exposiciones "virtuales")

Como su título sugiere, es una variante de exposición irreal a través del uso de multimedia.

Exposición in vivo

Significa una exposición verdadera, auténtica con el estímulo fóbico; puede emplearse de diferentes maneras, como se indica más abajo:

1. *Exposición de inundación o intensiva.* Una súbita exposición intensiva y prolongada (por más de un determinado número de horas o más) al estímulo temido. Puede ser eficaz, sobre todo con niños, pero causa miedo en las personas fóbicas, por lo que éstas no suelen dar su consentimiento.

2. *Exposición gradual.* Un paulatino incremento en la intensidad de la exposición al estímulo fóbico.

3. *Exposición continua.* Programa de tratamiento que incluye exposición diaria al estímulo.

4. *Exposición por intervalos.* Implica exposición al estímulo temido cada semana por un lapso prolongado.

5. *Exposición bajo supervisión del terapeuta.* Puede incluir todas las estrategias anteriores.

6. *Autoexposición.* En este tipo de tratamiento, es el paciente mismo quien se expone al objeto temido (es probable que en un inicio el terapeuta proponga esta estrategia).

Insensibilización sistemática

Se entiende por insensibilización sistemática una forma de terapia conductual particularmente exitosa para el tratamiento de niños fóbicos. Consiste en la elaboración de la "jerarquía de miedo" junto con el niño (que va desde las situaciones menos a las más temidas), así como en la enseñanza al paciente de las técnicas de relajamiento que más adelante se utilizan en una serie de pruebas de exposición imaginaria y progresiva. Dichas técnicas, que el paciente practica y llega a dominar, lo ayudan a inhibir y combatir la ansiedad.

Imágenes emotivas

Es la adaptación de la insensibilización sistemática empleada a veces con los niños. Como en la estrategia anterior, se elabora una jerarquía de miedo, pero en vez de emplear las técnicas de relajamiento, se pide al niño que se imagine exponerse progresivamente al objeto de su temor en compañía de su personaje preferido. Se construye una fantástica historia de aventuras, en la cual el niño y el personaje que haya escogido vencen, paso a paso, las dificultades de acuerdo con los grados de la jerarquía de miedo.

Control de eventualidades

Es otra forma de terapia que puede utilizarse con los niños. Se hace un intento por enseñar al niño un "nuevo comportamiento meta" para los casos de aparición del estímulo fóbico, con el objetivo de remplazar la respuesta usual; puede que sean necesarias varias estrategias. Para esto, se emplea el método de refuerzo positivo (esto es, la gratificación que el niño mismo desea) cada vez que el niño utilice la nueva estrategia.

Modelado

Es un proceso al principio del cual el terapeuta demuestra o "modela" una tarea de tratamiento mientras que el paciente observa. Acto seguido, el terapeuta ayuda al paciente a llevar a cabo la tarea.

Tratamiento de sesión única (ver Capítulo 9)

Es una sola sesión intensiva de exposición progresiva que dura alrededor de tres horas; se emplea en el caso de las fobias específicas.

Capacitación de autoeficacia y dominio asistido

Es un enfoque terapéutico que enfatiza la adquisición gradual de habilidades y estrategias por parte del paciente en una situación fóbica. Dominar estas habilidades permite a la persona comprender que en realidad puede mantener el control durante una exposición al objeto de su fobia.

El terapeuta pone las metas y acompaña, asiste y guía al paciente, así como lo ayuda a alcanzarlas. Sin embargo, el médico debe disminuir paulatinamente el grado de participación lo más temprano posible (esto puede implicar la ausencia física del terapeuta, quien sigue dando instrucciones al paciente a cierta distancia) con el fin de hacer que el fóbico crea en sus propias capacidades.

Capacitación de habilidades sociales y de seguridad en sí mismo

Estas técnicas se utilizan —por lo general en conjunto con otras terapias— para el tratamiento de la fobia social y agorafobia. Al paciente se le enseña la manera del comportamiento en determinadas situaciones (tales como saludar a otras personas); asimismo, el fóbico puede practicar las habilidades sociales en un juego de roles o en la vida real.

Técnicas de relajamiento y respiración

En este tipo de capacitación, se enseña al paciente emplear las técnicas de relajamiento y ejercicios de respiración para neutralizar el efecto de los síntomas físicos del miedo.

Aquí podrían ser útiles muchas de las terapias alternativas descritas en el Capítulo 24; aun así, en clínica estas técnicas siempre se utilizan en conjunto con otras terapias.

Terapias cognitivas

El objetivo de las terapias cognitivas es manipular y alterar las creencias falsas e irracionales del fóbico acerca del estímulo del temor.

Terapia racional-emotiva

Se enseña al paciente cómo puede "debatir" consigo mismo para alterar sus propias creencias.

Capacitación por autoenseñanza

Este tipo de terapia se basa en el uso de un número de instrucciones y afirmaciones positivas que el paciente en un principio repite en voz alta para enfrentar el temor fóbico. Dichas afirmaciones se tratan de diversos aspectos de fobia, tales como exposición al estímulo del temor, exposición imaginaria, método para sobrellevar la situación y refuerzo de las habilidades personales para enfrentarse (autoeficacia).

Intención paradójica

La intención paradójica es un método en el cual el terapeuta alienta al fóbico para que exagere de forma desproporcionada su miedo, así como las circunstancias en las que se da; así, paradójicamente se disminuye la fuerza de la fobia.

Es una terapia humorística, pues la exageración a menudo llega al grado de lo ridículo y provoca risa: suele emplearse junto con otras terapias.

Terapias cognitiva-conductual

Como ya se ha mencionado, muchos programas modernos de tratamiento combinan enfoques conductuales y cognitivos pero además es común que empleen alguna forma de terapia de exposición.

Tratamiento farmacológico de fobias

La mayoría de los especialistas concuerdan en que el tratamiento farmacológico no es eficaz en las personas que padecen de fobias específicas; sin embargo, sí se han empleado medicamentos en el tratamiento de agorafobia y las fobias sociales, a menudo con la intención de aliviar los síntomas de pánico o indicios visibles y físicos de una ansiedad de rendimiento. Se administran tres clases de fármacos:

1. Antidepresivos
2. Benzodiazepinas
3. Betabloqueadores

Se han puesto en práctica tanto las variantes nuevas como las tradicionales, con diferentes resultados.

Antidepresivos

Los antidepresivos —por lo menos a corto plazo— tienen un menor riesgo de causar adicción y, por lo tanto, no causan síndrome de abstinencia. Lo negativo es que deben administrarse por un periodo antes de que funcionen y puedan producir efectos secundaros desagradables, lo cual puede hacer que los pacientes no los acepten. Por otro lado, sí son eficaces para aliviar los síntomas de pánico en un considerable número de fóbicos.

Benzodiazepinas

Las benzodiazepinas tienen un efecto inmediato; se ha probado que alivian los síntomas de pánico y ansiedad en algunos pacientes. Sin embargo, causan adicción y el síndrome de abstinencia muy rápido, por lo que no se recomienda su administración en periodos prolongados. Es comprensible que los pacientes sean renuentes a tomar un medicamento que conlleva el riesgo de adicción.

Betabloqueadores

Los betabloqueadores casi no causan efectos secundarios; se ha demostrado su eficacia para el alivio de los síntomas físicos de "rendimiento" y ansiedad social en algunos fóbicos. En cambio, parece que no son exitosos en el tratamiento de síntomas de pánico.

La preocupación principal consiste en que todos estos fármacos son agentes químicos potentes con posibles efectos secundarios y en ocasiones pueden causar adicción y síndrome de abstinencia. Otra preocupación, fuera de las ya mencionadas, es que existe el riesgo de recaída o regreso de síntomas fóbicos intensas tras la suspensión del tratamiento.

Varios estudios han demostrado que este riesgo no es imaginario, razón por la cual algunos clínicos combinan tratamiento farmacológico con la terapia psicológica conductual; parece que una combinación de esta naturaleza suele ser más eficaz que el solo empleo de tratamiento farmacológico.

Por otro lado, casi no hay muestras de que la terapia combinada es superior a las meramente psicológicas. Considerando los verdaderos riesgos relacionados con la administración de medicamentos psicotrópicos potentes, parece sensato recomendar su empleo con prudencia en el tratamiento de fobias y sólo en los pacientes muy graves. De ahí sigue que las terapias psicológicas representen la mejor forma de tratamiento para la gran mayoría de los fóbicos.

Capítulo 23

Estrés

Muchos fóbicos pueden estresarse demasiado como consecuencia de una convivencia diaria con el temor fóbico; existen numerosas terapias alternativas que los pueden ayudar a relajarse (ver Capítulo 24). En este capítulo, a manera de introducción a dichas terapias, se presenta el estrés con mayor detalle.

Desde que el mundo es mundo, el estrés ha sido una parte inherente del ser humano y un factor esencial en su sobrevivencia. Es una fuerza activa que nos ayuda a aceptar cualesquiera retos que la vida nos pone.

La respuesta corporal al estrés es rápida y eficaz, mejor conocida en los libros de fisiología como "tema, huya, combata". Ello significa que cuando nos damos cuenta de un reto, nuestro sistema experimenta una reacción en cadena de respuestas, que le proporcionan al cuerpo las fuerzas y energía necesarias para luchar o huir de la situación.

Dicha reacción ha sido un factor en la motivación humana desde las primeras etapas de la evolución (ver Capítulo 21). Los seres humanos primitivos a menudo tenían que enfrentar situaciones de vida o muerte, cuando la vigilancia, fuerza, velocidad y rendimiento eran de vital importancia y el impulso de sobrevivir era lo primario e instintivo. Hoy en día, sin embargo, el tipo de retos que enfrentamos es bastante diferente y, debido a que casi nunca requieren una reacción física, la reacción corporal a la situación es a menudo inadecuada.

Además, el estrés en la vida moderna es de carácter completamente diferente y dura más tiempo. En el pasado, había que resolver los problemas de forma inmediata; hoy, las ansiedades emocionales, ocupacionales, ambientales a las que nos enfrentamos son más prolongadas, lo que nos mantiene en un estado casi permanente de combate o huida.

Por lo anterior, es indispensable que todos, incluyendo a los fóbicos, hagamos hasta lo imposible por encontrar maneras de salir del círculo vicioso de "combata o huya"; para esto, es necesario un conocimiento profundo de funcionamiento del cuerpo.

El estrés y la respuesta corporal

La respuesta automática del cuerpo a un peligro o estrés involucra una complicada reacción en cadena de los efectos corporales y bioquímicos, en la que participan el cerebro, el sistema nervioso y las hormonas. Tan pronto como se percibe la presencia de una amenaza, el cuerpo enérgicamente responde con más energía y fuerza: miles de hormonas mensajeras se liberan en el torrente sanguíneo como una forma alerta. De pronto, la mente y el cuerpo se despejan, se avivan y se alistan para actuar.

En esta reacción de alerta, pulmones, cerebro, sistema nervioso y muscular, así como hormonas son los protagonistas principales. El hipotálamo —un diminuto racimo de células ubicado en la parte inferior del cerebro que controla todas funciones y reacciones corporales automáticas— es el primero que recibe la señal. Enseguida, suelta unas sustancias químicas llamadas endorfinas que actúan como analgésicos naturales. Las endorfinas mitigan la percepción del dolor y reducen la confusión mental, ayudando así a lidiar con la situación mediante un bloqueo de factores que, en caso contrario, impedirían a las personas a actuar con máximo rendimiento.

Otra sustancia, llamada adrenalina, provoca la aceleración de las pulsaciones, el aumento de la presión sanguínea y la secreción de sustancia nutrientes vitales. Además, aumenta la tensión muscular y altera la frecuencia de respiración, haciéndola más rápida y superficial. La adrenalina es sólo una de las hormonas de excitación secretadas por la glándula adrenal, ubicada en la parte superior de los riñones: también en el torrente sanguíneo se libera la noradrenalina, hormona relacionada con la excitación positiva y extática; la hormona llamada cortisona es un agente involucrado en la transformación de glucógeno, almacenado en el hígado, en el azúcar sanguíneo, lo cual ayuda a proporcionar instantáneamente la energía y alertar al cerebro. La fuerza y el esfuerzo requeridos provienen de la hormona masculina, la testosterona.

La glándula tiroidea también tiene un papel en la respuesta corporal: secreta la tiroxina, una hormona que estimula al sistema metabólico, aumenta su velocidad de trabajo y regula el consumo de oxígeno. Esto es muy importante, ya que el cuerpo presiente que necesitará elevadas fuentes de energía. El sistema digestivo, en cambio, durante este proceso afloja el paso, puesto que la sangre se desvía de la piel y el estómago. El cuerpo por instinto "apaga" los sistemas que no necesita para poder concentrarse mejor en la movilización de los sistemas indispensable para la sobrevivencia. Puesto que el sistema digestivo no es esencial en una situación de peligro extremo, su funcionamiento se hace más lento y se suspende.

Sin duda, el cuerpo tiene un mecanismo de sobrevivencia eficaz y rápido pero, como ya se ha mencionado, las causas del estrés en la actualidad son más complicadas y requieren soluciones más sofisticadas durante periodos más largos. El sistema hormonal sufre daños si permanece en la modalidad de lucha, pues periodos prolongados en estado de alerta máxima perjudican la salud mental y física, de tal suerte que lo que comienza como una serie de reacciones positivas puede llegar a ser nocivo para la salud.

Las investigaciones muestran que es probable no darse cuenta de que el cuerpo está en alerta. Por ejemplo, las emociones como ira, ansiedad o impaciencia son capaces de producir reacciones químicas en el cuerpo, sin que la persona se dé cuenta de ello, como cuando está parado en frente de un coche que va a una alta velocidad. La misma fisiología que pone a la persona en alerta y la prepara es capaz de hacer estragos en el cuerpo si la reacción es duradera. Esta acumulación de energía puede hacer que las personas se vuelvan tan adictas al estrés que no pueden vivir sin las oleadas de adrenalina que se secretan en situaciones estresantes. De hecho, es posible acostumbrarse a vivir en un extremo psicológico y físico que la persona ya no se da cuenta del daño que esto le está causando.

Las sobredosis de adrenalina pueden causar irritabilidad y agitación, mientras que una alta concentración de noradrenalina puede hacer sentirse desubicado y "alterado"; si el estado de excitación persiste, las glándulas adrenales producen sustancias antiinflamatorias para acelerar la reparación de tejidos, pero al mismo tiempo la cortisona reprime el sistema inmunológico, lo cual lo hace vulnerable a las enfermedades.

Se retienen los excedentes de sodio, lo cual pone en peligro el rendimiento del sistema cardiovascular debido a la retención de fluidos, aceleración de pulsaciones, aumento de la presión sanguínea y, probablemente, aparición de coágulos de sangre. Las úlceras en el estómago son un síntoma clásico del estrés, puesto que este órgano no puede dominar la aumentada secreción de ácido durante situaciones críticas. Un estrés agudo y acumulativo durante un periodo prolongado puede causar, incluso, la muerte.

Enseguida se presentan síntomas de estrés menos graves pero muy comunes:

- dilatación aumentada de pupilas;
- transpiración;

- aumento en pulsaciones y en presión sanguínea (para elevar el flujo sanguíneo hacia los músculos, cerebro y corazón);
- frecuencia respiratoria aumentada (para un mayor consumo de oxígeno);
- tensión muscular (preparación para acción);
- aumento en el flujo sanguíneo hacia el cerebro, corazón y músculos (órganos más importantes para lidiar con el peligro);
- disminución en el flujo sanguíneo hacia la piel, tracto digestivo, riñones e hígado (donde la necesidad de sangre es la más baja durante las crisis);
- percepción mental y sensibilidad aumentadas (para una mejor evaluación de la situación y una actuación más rápida);
- aumento del nivel de azúcar en la sangre, grasas y colesterol (para elevar la energía);
- aumento en el número de plaquetas y agentes de coagulación sanguínea (para prevenir la hemorragia en caso de lesión).

Todo lo anterior sólo explica las amenazas físicas de un estrés prolongado; los efectos sobre el bienestar emocional y psicológico pueden ser devastadores, causar depresión, ansiedad, desorientación, pánico, ira, inseguridad y frustración. La acumulación del estrés asimismo puede causar la descomposición familiar, enfermedades mentales, alcoholismo y drogadicción.

Respuesta de relajamiento

Así como el cuerpo tiene un proceso automático para prepararse para combate o huida, también tiene la posibilidad de cambiarse a una modalidad que se llama "respuesta de relajamiento". Esta etapa de excitación leve es menos conocida que el estado de alerta corporal; generalmente, se requiere un esfuerzo de concentración para poder experimentarla. En el estado de relajamiento profundo, los síntomas experimentados son todo lo contrario a los de la respuesta de la modalidad "combata o huya": metabolismo y pulsaciones aceleradas, así como una frecuencia respiratoria acelerada.

Para que el proceso comience y el cuerpo pueda sentir sus ventajas por completo, es necesario un relajamiento pleno. Dos subsistemas del sistema nervioso autónomo[15] se encargan de la mayor parte de los cambios que ocurren: el subsistema conocido como simpático se retrasa, lo que da mayor prevalencia al otro subsistema, el parasimpático, que tranquiliza cuerpo y cerebro, así como disminuye la velocidad del metabolismo hasta alcanzar un estado que se denomina hipometabólico, a diferencia del hipermetabólico, característico de la modalidad "combata o huya".

---

[15]También conocido como vegetativo, este sistema es responsable del funcionamiento de los órganos internos. Su actividad no depende de la voluntad; de ahí su denominación. (N. del T.)

En ese estado, muy poco es necesario para mantener el funcionamiento del cuerpo, pues el estado del metabolismo reducido se asemeja a aquel durante la fase del sueño profundo. La respiración se vuelve más acompasada; la velocidad del pulso disminuye. En un continuo relajamiento, el consumo de oxígeno es menor a aquel que se experimenta durante el sueño profundo. Asimismo, baja considerablemente el nivel del lactato sanguíneo, una sustancia que entra la sangre mediante el metabolismo del músculo esquelético. Todo lo anterior sucede tres veces más rápido durante la meditación, por ejemplo, que en un estado de reposo. También se observa una baja en presión sanguínea, aunque ésta sólo alcanza el nivel normal; es decir, anterior al estrés. Los procesos que describimos permiten que el cuerpo se recupere de la tensión resultante del estrés cotidiano.

Además de todo lo anterior, el relajamiento provoca evidentes cambios en la actividad cerebral. Este órgano emite cuatro tipos de onda, cada uno de los cuales tiene un ritmo determinado: así, emitimos las ondas beta durante el estado de vigilia, mientras que las ondas delta se presentan durante el sueño; las ondas denominadas theta se asocian con la somnolencia; por último, las ondas alfa se destacan más cuando el cerebro está activo pero relajado. La meditación lleva a la prevalencia de las ondas alfa y theta, lo que significa un estado de reposo y relajamiento profundo; la mente está en alerta mas no tiene límites ni está turbada. El cerebro empieza a emitir dichas ondas casi inmediatamente después del comienzo de relajamiento; la frecuencia de éstas aumenta a medida de que el proceso se intensifica, lo cual permite pensar de una manera más clara y constructiva.

Un periodo más largo de relajamiento también hace posible que aumente la secreción de sustancias químicas —neurotransmisores— que alteran el estado de humor. Una de ellas, la serotonina, es una potente hormona asociada con el sentimiento de felicidad o satisfacción. Así pues, cuando una persona fóbica no presenta estrés en el cuerpo ni en la mente, y logra entrar en un estado de relajamiento puede lidiar con mayor éxito con el temor fóbico.

Capítulo 24

Terapias alternativas

Muchas de las llamadas terapias alternativas, que no entran en el arsenal de la medicina tradicional, también pueden ser útiles para combatir fobias debido a que la mayoría de ellas ofrece métodos de relajamiento para contrarrestar el efecto del estrés y ansiedad, lo que puede ser de sumo provecho para los fóbicos. En la mayoría de los casos, el objetivo principal no es tanto combatir al temor, sino más bien reducir el nivel general de ansiedad y estrés.

Las terapias alternativas se caracterizan por un enfoque moderado e integral con la intención de mejorar la sensación de bienestar y crear un estado de relajamiento; de este modo, si el fóbico es capaz de sentirse generalmente más relajado y menos ansioso, dichas terapias influyen en forma positiva en la autoestima y salud general, por lo que el fóbico está mejor preparado para combatir su miedo. De lo anterior sigue que, aunque las terapias que mencionamos no ofrecen una cura para el problema, son bastante apropiadas por sí mismas o como técnicas adicionales en el proceso terapéutico.

Digitopuntura

La digitopuntura, también conocida como acupresión, es una técnica tradicional de tratamiento en el Oriente que combina elementos de acupuntura y masaje. Al igual que en la primera, se utilizan los mismos puntos de presión para balancear el flujo de energía curativa, llamada *qi*, pero en vez de emplear las agujas se utilizan técnicas de masaje: presiones con los dedos y el pulgar. La digitopuntura puede resultar útil en el tratamiento de síntomas de estrés, ansiedad y depresión, razón por la cual existe la posibilidad de una mejora en los pacientes fóbicos.

Acupuntura

La acupuntura es una terapia empleada desde la antigüedad en China. Consiste en la inserción de agujas en la piel en puntos específicos del cuerpo que se localizan a lo largo de los llamados "meridianos", conductos o canales de energía que supuestamente desembocan en los órganos internos. La energía *qi* y las agujas —aunque en ocasiones se emplean las corrientes eléctricas y los rayos láser— son empleadas para disminuir o incrementar el flujo de la *qi* o desobstruir su paso.

La medicina china tradicional sostiene que en el cuerpo coexisten dos fuerzas naturales opuestas, conocidas como *yin* y *yan*, y considera que las enfermedades son el resultado del desequilibrio entre las dos. La finalidad de la acupuntura es establecer el desequilibrio y restablecerlo al insertar agujas en los lugares determinados y correctos.

Hay varios factores que pueden alterar el flujo de *qi*: pueden ser de naturaleza emocional, física o ambiental. La acupuntura no sólo alivia el dolor, sino también ayuda en casos de estrés y ansiedad. Es precisamente por ello que esta técnica oriental puede ser útil para los fóbicos y es cada vez más popular en el Occidente.

Aromaterapia

La aromaterapia es una terapia curativa que emplea aceites esenciales muy concentrados y aromáticos extraídos de las plantas. Los componentes de dichos aceites producen aromas o fragancias característicos que expiden las plantas. Estos aceites participan en cierta medida en el ciclo reproductivo y en el desarrollo de la planta, cuyas diferentes partes, además, pueden producir su propio tipo de aceite.

El hombre ha empleado las esencias elaboradas por las plantas a lo largo de los siglos para ayudar a los enfermos. En años recientes, se ha reavivado el interés por la aromaterapia, así que hoy en día muchos recurren a ella. El método de tratamiento con aromaterapia más conocido consiste en el masaje en el que se utilizan combinaciones diferentes de aceites esenciales. Entre otros métodos aptos para el empleo casero, podríamos mencionar los baños con aceites apropiados.

Los aromaterapeutas adecuan un plan de masaje para todo el cuerpo dependiendo del paciente; además, escogen los aceites esenciales más apropiados para su temperamento, síntomas y problemas, ya sea físicos o emocionales. Puesto que la aromaterapia es de suma utilidad en el tratamiento del estrés y síntomas relacionados con éste (Ej., ansiedad, depresión e insomnio), resulta un remedio idóneo para el tratamiento general de fobias, que da una sensación de bienestar, así como de relajamiento, y reduce la ansiedad en general.

Terapia artística

De esta terapia se beneficiarán los individuos con problemas emocionales y psicológicos, pero sobre todo aquellos que tienen dificultades para expresarse verbalmente. Se emplean los medios creativos artísticos y artesanales para ayudarlos a comunicar sus pensamientos y temores más íntimos. Los terapeutas que utilizan las artes son médicos capacitados en psicología, así como en las artes creativas. Frecuentemente, las sesiones de terapia artística se llevan a cabo en grupos; la función del terapeuta consiste en guiar a sus pacientes y saber escuchar con atención; no menos importante es ayudar de forma individual en las discusiones sobre su creación, lo que permite que el paciente hable sobre sí mismo y sobre lo que teme.

Las habilidades artísticas no son un requisito indispensable para la participación en esta terapia. A menudo basta con descubrir de nuevo el poder de crear que todos tenemos; no nos cuesta trabajo usarlo en la infancia, pero en la vida adulta algo lo tiende a suprimir. La terapia artística puede ayudar considerablemente a los fóbicos; por desgracia, no es tan fácil recurrir a ella en las Islas Británicas.

Autoentrenamiento

El autoentrenamiento es un tipo de terapia para enseñar al paciente a relajarse y, por tanto, a aliviar los síntomas de estrés. Los pacientes con una variedad de trastornos pueden encontrar útil esta técnica, incluyendo a aquellos que padecen fobias, ansiedad, depresión, insomnio y algunas otras enfermedades psicológicas. No hay límite de edad para practicar el autoentrenamiento, aunque se piensa que los niños menores de seis años difícilmente pueden captar su esencia.

Por regla general, los terapeutas tienen títulos en medicina o enfermería; además, esperan obtener un panorama del estado de salud del paciente antes de las sesiones terapéuticas.

La capacitación consiste en enseñanza de una serie de seis ejercicios básicos que el paciente puede hacer ya sea en la posición boca arriba, ya en un sillón o bien sentado a la orilla de la silla con la cabeza inclinada, de modo que la barbilla descanse en el pecho. Durante los seis ejercicios, el paciente deberá concentrarse en los siguientes puntos:

- la respiración;
- los latidos del corazón;
- la frente, con el fin de inducir una sensación de calor;
- el bajo vientre y estómago, con la misma finalidad;
- el cuello, los hombros, brazos y pies, para inducir una sensación de relajamiento hasta sentirlas pesadas.

Aprender estos ejercicios y otras técnicas ayuda a alcanzar un estado de relajamiento y tranquilidad, descansar mejor durante el sueño y en general sentirse mucho mejor, lo cual en combinación es útil para el tratamiento general de fobias.

Autosugestión

Normalmente, en conjunto con otras técnicas se emplea una forma de autoayuda, llamada autosugestión, sustentada en la meditación y liberación —a través del poder de nuestra mente— de las fuerzas curativas que el cuerpo mismo tiene. La autosugestión, que funciona por medio de utilización del poder de la mente sobre lo material, puede ser benéfica para aquellos que padecen de casi cualquier tipo de enfermedad física, así como de afecciones y trastornos psicológicos y emocionales.

Emile Coué (1857-1926), médico francés, fue el primero en sentar las bases de esta técnica, aunque en un principio sus ideas eran el hazmerreír de todos. Sin embargo, hoy en día los poderes curativos de la mente se reconocen ampliamente en el mundo de la medicina, que incluso alienta a emplearlas en el tratamiento de trastornos físicos y psicológicos por igual. Es famosa la frase de Coué que reza: "Todos los días, en todos los sentidos, me siento cada vez mejor".

La técnica en sí no es difícil: el paciente debe escoger un momento del día cuando se siente relajado, por ejemplo, después despertarse en la mañana, para intentar despejar su mente de todo lo que lo distraiga y repetir, una y otra vez, alguna frase sencilla (puede ser la inventada por Coué o cualquier otra expresión apropiada), en voz alta o en silencio.

En el tratamiento de fobias, se puede inventar una frase parecida para ayudarle al paciente disminuir o vencer su miedo. Se recomienda practicar la técnica una o dos veces al día el tiempo que sea necesario. Los médicos en su mayoría opinan que la autosugestión es una forma de tratamiento segura y útil que aumenta la sensación de autocontrol y bienestar.

Remedios florales de Bach

Los remedios de Bach, conocidos también como flores de Bach, consisten en una serie de treinta y ocho remedios, hechas a partir de flores colocadas en agua de manantial y expuestas a la luz directa del sol. Se cree que cada uno de los remedios corresponde a un determinado estado mental o emocional. Los remedios se venden sin receta en las tiendas naturistas.

Las flores de Bach son un remedio de autoayuda, cuyo concepto consiste en que el paciente evalúe honestamente su estado mental y escoja el remedio correspondiente.

No se recomienda tomar más de cinco remedios a la vez; si es necesario, el paciente puede experimentar con diferentes remedios para determinar la mejor opción. Las flores de Bach convienen a las personas que padecen fobias, ya que se basan en factores psicológicos y emocionales, sin mencionar que muchas personas los consideran muy útiles.

Los psicoterapeutas juzgan que los autoexámenes y pasos necesarios para la autoayuda son de suma importancia para el tratamiento de los pacientes fóbicos.

Terapia bioenergética

La terapia bioenergética se basa en la idea de que entre el cuerpo y la mente corre la energía que influye en la salud tanto física como mental. Se piensa comúnmente que los problemas psicológicos y las emociones como el temor o la ansiedad afectan nuestro estado físico; por ejemplo, al causar tensión muscular, mala postura, problemas de respiración, etcétera. Dentro de la terapia bioenergética, se practica una serie de ejercicios que incluyen técnicas respiratorias que relajan al cuerpo, de tal suerte que la energía fluye de una manera más natural y se alivian los problemas psicológicos o emocionales. El análisis entre el paciente y terapeuta también forman parte del programa.

La bioenergética suele practicarse en un ambiente grupal seguido de una evaluación individual, y se utiliza como parte de un programa terapéutico más amplio. Muchos pacientes reportan cambios positivos como resultado de esta terapia, especialmente si sienten que tienen más energía o un mejor estado de salud. Todos estos aspectos, junto con las ventajas de una respiración correcta y análisis sobre el problema que se tiene, pueden ser de utilidad para los pacientes fóbicos.

Cromoterapia (terapia de los colores)

En la medicina tradicional, se reconoce que los colores ejercen una influencia sutil sobre los individuos, más que nada sobre su bienestar psicológico y mental. Es un hecho conocido que todos los humanos, incluyendo a los invidentes, responden a la luz de colores y reaccionan de diferente manera a los rayos de diferente longitud de onda. De igual manera, el cuerpo humano responde sutilmente a la radiación electromagnética. Los cromoterapeutas opinan que todo individuo recibe y absorbe dicha radiación emitida por el sol, para luego emitirla a su vez en forma de "aura", un patrón de colores único para cualquier individuo.

Se cree, además, que es posible filmar este fenómeno, empleando un procedimiento que se llama fotografía kirleana.[16] Si en la fotografía aparece algún trastorno causado por afecciones físicas o psicológicas, se manifiesta en forma de alteración de las vibraciones que constituyen el aura, lo cual cambia el patrón. El terapeuta durante la consulta ha de prestar especial atención a la columna vertebral del paciente, ya que se cree que cada vértebra tiene relación con uno de los ocho colores del espectro visible. Normalmente, los ocho colores se repiten en la misma secuencia desde el principio hasta el final de la columna.

El tratamiento consiste en "bañar" el cuerpo en la luz de colores apropiados que escoge el terapeuta. Por lo general, se usa un color principal junto con otro complementario; la luz se emite en ráfagas irregulares. Cada sesión terapéutica dura casi veinte minutos y dura por lo menos siete semanas. El objetivo de la cromoterapia es restablecer el equilibrio natural del patrón de aura. Además, el terapeuta recomienda al paciente cómo usar los colores en casa para mejorar su salud y bienestar.

La cromoterapia fue diseñada para el empleo en conjunto con los métodos tradicionales. Es una terapia moderada que puede ayudar a algunos fóbicos, particularmente a aquellos que sienten que los colores pueden ser factor de su fobia.

---

[16]De Semyón Kirlián, el científico soviético que desarrolló la técnica en cuestión, también conocida como electrofotografía. (N. del T.)

Terapia del baile

La terapia del baile, o danzaterapia, fue concebida para ayudar a resolver los problemas arraigados al comunicarse e identificarse con otros mediante movimientos corporales en forma del baile. Esto se hace posible gracias a que la habilidad de expresar los sentimientos más ocultos e íntimos a través del lenguaje corporal y movimientos es innata en el ser humano. Así, los niños pequeños con facilidad y sin ningún impedimento se expresan en el baile, lo cual, al parecer, es un rasgo común de todas las razas y tribus del presente y pasado por igual. Por desgracia, muchas personas de las sociedades modernas e industriales sienten imposibilidad ante la expresión de sus dificultades y miedos ya sea verbal o físicamente, lo que compele a reprimirlos a tal grado que el individuo termina por enfermarse.

La terapia del baile nos ayuda, ante todo, a explorar, reconocer y aceptar nuestros sentimientos y problemas que solemos reprimir, para después comunicarlos a los demás. Será más útil tanto para los fóbicos como para aquellos que padecen de trastornos emocionales, psicológicos y los causados por estrés y ansiedad. También será de ayuda para los niños, quienes se muestran especialmente abiertos a este tipo de terapia.

Puesto que el objetivo de danzaterapia es examinar los movimientos corporales que cada uno puede hacer, no se limita la edad de los participantes. Además, el terapeuta puede proponer algún movimiento, pero su meta es que el paciente aprenda a tomar la iniciativa. La terapia suele llevarse a cabo en grupo, cuyos integrantes con el paso del tiempo aprenden a platicar sobre sus sentimientos y penas para proponer las vías de su resolución.

La danzaterapia es otro método que puede ayudar a un fóbico en diferentes maneras: por medio de la exploración de los sentimientos ocultos, la interacción con otros fóbicos y el empleo de actividades que influyen en forma positiva para ayudarse a sí mismo.

Ejercicio

Normalmente, no consideraríamos el ejercicio como una terapia alternativa, pues en teoría debe formar parte de las actividades diarias de cada uno. No obstante, no es así. Es imposible sobreestimar la importancia que tiene el ejercicio para una vida sana y tranquila. Si nunca estresamos el cuerpo, si jamás tratamos de acelerar su ritmo normal, los periodos de relajamiento invariablemente pierden su efecto benéfico. El ejercicio no sólo ayuda a mejorar la salud física, sino también proporciona una serie de ventajas adicionales a los que lo hacen de manera regular.

El ejercicio regular mejora el sueño, disminuye dolores de cabeza, da la sensación de bienestar y ayuda a mejorar la concentración y resistencia. Durante el ejercicio, en el cerebro se secretan endorfinas, sustancias químicas que fomentan el sentimiento de optimismo y felicidad que dura algún tiempo después de las actividades. Esto es una herramienta eficaz en el combate contra el estrés que vive el fóbico, así como un paso importantísimo para una vida más tranquila.

En las sociedades actuales, realzan los estilos de vida relacionados con el sedentarismo, tendencia que no muestra señales de cambio, lo que dificulta para las personas encontrar la salida de la negatividad mental y frustración física que se acumulan. Un esfuerzo físico es un recurso ideal para expeler las emociones tóxicas que amenazan nuestro bienestar y paz. Es posible dejar atrás la tensión, ira, frustración y agresión si ejercitamos no sólo nuestra mente, sino también nuestro cuerpo.

El ejercicio es una actividad personal, por lo que muchos se inclinan por ciertos deportes; en estas preferencias se refleja la personalidad de cada uno, así como sus habilidades físicas y el tiempo del que dispone. Siendo realistas, lo mejor sería adaptar la actividad física al estilo de vida de cada persona, si queremos estar seguros de que siga con el ejercicio. Apartar aunque sea veinte minutos para éste puede resultar de gran utilidad para la salud.

Antes de empezar, pregunte qué tipo de deporte es mejor hacer y consulte a un médico. Recuerde: para el cuerpo es más provechoso realizar ejercicio durante periodos cortos pero regulares, y no tratar de comerse el mundo en un día. En seguida, hablaremos de dos actividades aconsejables: hacer caminatas y correr.

Caminar

Las caminatas es una de las actividades físicas más subestimadas. Una caminata bien intencionada y a paso ligero mejora la condición muscular, circulación de sangre y la postura. Todo lo que se necesita es un par de zapatos de mucho trote y una chamarra ligera e impermeable para los días lluviosos. Para empezar, camine una media hora al día procurando caminar lo suficientemente rápido como para que le falte un poco el aire. Además, es necesario que la ruta sea variada, esto es, que no atraviese sólo terreno plano. Después de una o dos semanas, puede incrementar el tiempo hasta aproximadamente cuarenta y cinco minutos. Para entonces ya se habrá dado cuenta de las ventajas, tales como mejor sueño, concentración y un sentimiento de equilibrio emocional.

Caminar es el ejercicio ideal, pues puede hacerlo prácticamente dondequiera, ya en ciudad, ya en el campo. Las caminatas diarias a paso ligero le permiten tener un cuerpo y piel saludables y en general sentirse como nuevo.

Correr

Para muchas personas, correr es la forma de ejercicio que deja mayor satisfacción. No requiere ninguna capacitación, aunque parece sensato seguir un programa establecido cuya finalidad es la habilidad de correr por una hora y media sin parar. Al igual que caminar, uno puede correr en cualquier parte, en casa o cuando está de vacaciones. Una vez más, el único requisito es un par de tenis buenos y la autodisciplina para comenzar, pero es igual de importante hacerse un examen general de salud —más que nada, para estar seguro de que el correr no le hará daño—, sobre todo para aquellas personas que tienen antecedentes de enfermedades cardiacas en la familia o que acaban de recobrar la salud después de una enfermedad.

Las personas que pueden correr sin parar durante una hora y media o más experimentan una sensación llamada "la euforia del corredor", que es una de las razones por las cuales correr es tan bueno para relajarse en el sentido más profundo de la palabra. Muchos corredores, después de correr tanto que sienten una falta de aire y dolor muscular en las piernas, súbitamente sienten que pueden seguir corriendo por horas. La percepción mejora y, a medida que la mente se despeja, se percibe la verdadera dimensión de los problemas. Esta lucidez mental no ocurre cada vez que corremos, pero vale la pena esforzarse para conseguirla.

Medicina herbolaria

La medicina herbílaria comprende el uso de hierbas y plantas con la finalidad de prevenir y curar una enfermedad. Se cree que el uso de las plantas medicinales es tan viejo como la humanidad misma: algunos documentos escritos sobre esto datan de los tiempos del Egipto antiguo. Hacia la Edad Media, en Europa se hacían compilaciones, llamadas herbarios, que describían las plantas y sus cualidades medicinales. Los boticarios recopilaban y mantenían una reserva de plantas para elaborar sus propios remedios; en cada monasterio, los monjes, que resultaban buenos curadores, cuidaban de un jardín de hierbas medicinales.

Con la llegada de la medicina y farmacología modernas en los siglos XIX y XX, la medicina herbolaria cayó en desuso. Sin embargo, en los últimos años se ha observado un resurgimiento de interés por las plantas medicinales, no sólo entre los naturistas sino también entre los mismos médicos y científicos. Ahora es una opinión extendida que los tradicionales remedios herbales tienen características curativas que pueden ser demostradas con investigaciones científicas. Además, ha empezado el combate por detener la implacable extinción de las plantas, pues se reconoce que las especies que se pierden podrían resultar sumamente benéficas para la humanidad.

Hoy en día, se reconoce que la medicina herbolaria es un método útil y natural en la prevención y curación de las enfermedades, así como en la preservación de la salud. Las plantas medicinales son de particular beneficio para aquellos que padecen trastornos emocionales y psicológicos, incluyendo la ansiedad y, por ende, son el remedio perfecto para ayudar a los fóbicos. Los herboristas tienen amplios conocimientos sobre muchos remedios basados en las plantas medicinales y prescriben sólo aquellos que convienen a cada paciente tras una minuciosa evaluación médica. Por otro lado, existen medicamentos preparados que se venden sin receta en las tiendas naturistas, farmacias o por pedido.

Algunos de los medicamentos especialmente útiles para el alivio de la ansiedad se elaboran a partir de melisa (también conocida como toronjil), flores de lima, valeriana, borraja, lúpulo, manzanilla y lavanda. Se piensa que los remedios naturistas son una forma de tratamiento segura y moderada, que ha probado su utilidad para algunos fóbicos.

Homeopatía

La finalidad de la homeopatía consiste en curar una enfermedad o trastorno mediante un tratamiento para todos los aspectos que pudieran estar afectando a la persona, en vez de concentrarse en los síntomas que presenta. Por lo tanto, en la homeopatía se utiliza un enfoque integral, donde lo importante es el estado general de salud del paciente, especialmente su bienestar emocional y psicológico. Un médico homeópata se da cuenta de los síntomas que el paciente mismo le indica, pero también se concentra en otras señales o indicaciones de trastorno que el paciente puede pasar por alto.

Lo anterior se sustenta en la idea de que la enfermedad es una manifestación de trastorno o desequilibrio en el cuerpo. Se cree que la llamada constitución del paciente es la que determina en mayor grado el tipo de trastornos a los que está proclive una persona, así como los síntomas probables. Para un remedio homeopático se debe tomar en cuenta tanto los síntomas como las características y el temperamento del paciente. De esto sigue que dos pacientes con la misma enfermedad pueden requerir remedios diferentes acordes con la naturaleza de cada uno; otra conclusión consiste en que el mismo remedio puede emplearse para tratar diferentes grupos de síntomas o enfermedades.

Los remedios homeópatas, que se elaboran a partir fuentes vegetales, animales y minerales, se prescriben con base en una filosofía antigua, formulada inicialmente en el siglo V a. C. por Hipócrates, en forma del aforismo que reza: "Lo similar cura a lo similar". En el siglo XIX, Samuel Hahnemann desarrolló más este principio; él encontró que la administración de una muy pequeña dosis de sustancias que provocan una enfermedad en una persona sana puede emplearse para combatir esta misma dolencia en un enfermo.

Puesto que el sustento filosófico de homeopatía se concentra en la persona como un todo, con énfasis en los factores psicológicos y emocionales, es evidente que los métodos homeópatas también pueden utilizarse como terapia para los fóbicos. Un médico homeópata se basa en una extensa experiencia para recetar los remedios apropiados para cada individuo, tras una prolongada plática con el paciente.

Algunos de los remedios que se recetan en caso de fobias son *Aconitum napellus*, *Arsenicum album*, *Argentum nitricum* y *Pulsatilla nigricans*. Los remedios homeópatas se administran en dosis muy pequeñas; además, se cree que sus propiedades curativas se ven reforzadas con cada administración. Muchas personas hallan que la homeopatía es una terapia útil y moderada, que puede emplearse tanto por sí sola como en combinación con un programa de tratamiento.

Psicología y psicoterapia humanísticas

La psicología humanística se basa en el principio de que todo individuo es responsable, en última instancia, de sus actos y tiene una habilidad interna para cambiar y crecer personalmente. Por lo tanto, los factores como el medio ambiente, la educación en el seno familiar, así como las circunstancias actuales en la familia y la sociedad, se consideran poco importantes.

Un psicoterapeuta que actúa de acuerdo con los cánones de esta escuela hace un intento por provocar cambios que el paciente mismo encuentra importantes; ello se hace posible mediante la voluntad del médico de hablar sobre las ideas que tiene el paciente, hacer propuestas y alentar al paciente para que encuentre sus propias maneras de alcanzar un cambio.

El enfoque que trata este apartado puede emplearse para ayudar a las personas con problemas emocionales y psicológicos. Muchos psicoterapeutas creen que los procedimientos de autoevaluación, que trabajan en conjunto con dos sentimientos que están en desarrollo (confianza en sí mismo e independencia), son de gran utilidad para los fóbicos. Además, es posible ayudarlos mediante la retención de los avances que hicieron durante o después del programa de tratamiento.

Hipnoterapia

Se le llama hipnoterapia al proceso de inducción de un estado parecido al trance para suscitar cambios deseables y positivos en la salud mental o física de una persona. En el estado de hipnosis, el cuerpo y la mente pueden sufrir cambios positivos que, según parece, en el estado consciente no son fácilmente accesibles. La hipnoterapia puede ser útil para todos aquellos que padecen de una amplia gama de trastornos físicos y emocionales, adicciones (el tabaquismo, por ejemplo) y la fobia. Sin embargo, es vital que el paciente tenga una absoluta confianza en el terapeuta para cooperar en su totalidad. Además, esta técnica no es apropiada para todos.

Masaje

Ya en el año 3,000 a. C., el masaje se utilizaba como una medida terapéutica en el Lejano Oriente, lo que permite decir que es uno de los tratamientos más antiguos en la historia de la humanidad. En el año 5 a. C., el médico griego Hipócrates recomendaba un masaje con aceites después de un baño perfumado para mantener la salud. Así pues, podemos decir que las cualidades curativas y relajantes del masaje se han reconocido a lo largo de cinco mil años.

El masaje cobró popularidad durante el siglo XIX, cuando se introdujo una técnica llamada "masaje sueco".

Muchos años más tarde, en la década de los setenta, se desarrolló una nueva técnica general, en la que la finalidad última era tratar tanto los problemas físicos como psicológicos.

En esta forma del masaje terapéutico, también se empleaban métodos tomados de reflexología y *shiatsu*, con la finalidad de combinar el relajamiento, la estimulación y la tonificación para mejorar el estado de salud. El masaje suele emplearse para el relajamiento general con miras a aliviar y eliminar tensiones, estrés y ansiedad; da una sensación de tranquilidad y serenidad, lo cual es de suma importancia para las personas que padecen ansiedad, depresión o fobia. La sensación de relajamiento a su vez aumenta la confianza en sí mismo y la capacidad para enfrentar dificultades. Es, por ende, muy benéfico para los fóbicos y por eso generalmente forma parte de un programa de tratamiento.

En el masaje se emplean cuatro técnicas principales: percusión (el golpeteo rítmico de las masas corporales), fricción (desplazamiento de la mano con relativa presión), *effleurage* o roce (ligero contacto de las manos con la piel del paciente) y *petrissage* (amasamiento). El masajista capacitado primeramente evalúa el estado general del paciente para tener una idea de su salud, lo cual incluye cualesquiera problemas físicos. A continuación, se prepara un programa de masaje adoptado a las necesidades individuales de cada paciente.

Meditación

Por medio de esta técnica es posible alcanzar un estado de vigilia pasiva que trasciende el nivel cotidiano de pensamientos y distracciones. A primera vista, parece difícil alcanzar este grado superior de conciencia, pero con la práctica y esfuerzo cualquiera puede hacerlo. Algunos se desaniman debido a la imagen de meditación como un incomprensible misticismo oriental, pero los que practican la meditación no tienen por qué sumergirse en las enseñanzas religiosas o espirituales para tener provecho de este arte. En pocas palabras, la meditación es una manera sencilla de despejar la mente, olvidarse de las dificultades de la vida y concentrarse solamente en el relajamiento mental.

Efectos de meditación sobre el cuerpo

La meditación produce ciertos efectos sobre el cuerpo. Junto con la disminución de los latidos del corazón, reduce considerablemente el consumo de oxígeno y la producción de dióxido de carbono. Unos minutos después del comienzo de la meditación, éstos caen hasta en un 20% por debajo de los niveles normales. Además, es evidente una reducción de actividad en el sistema nervioso. El sistema parasimpático (subsistema del sistema nervioso autónomo cuya responsabilidad es tranquilizarnos) es el que prevalece durante la meditación; el cuerpo alcanza lo que se llama el estado hipometabólico, mejor descrito como "relajamiento profundo y prolongado".

Si se practica a menudo (aproximadamente de 20 a 30 minutos por día), la meditación puede ayudar a combatir la depresión, disminuir hipertensión y aliviar la ansiedad. Las investigaciones muestran, asimismo, que con sesiones regulares de meditación se mejoran la concentración, memoria y creatividad.

Antes de la meditación

Para las meditaciones es importante encontrar un lugar tranquilo para utilizarlo todo el tiempo. Algunos creen que es útil contemplar algún objeto durante la meditación; tradicionalmente, se usa una flor o el movimiento oscilante de una flama, aunque depende de cada uno qué objeto escoger para concentrarse mentalmente, olvidándose de los factores de distracción. Asimismo, pueden emplearse otros medios para crear un ambiente adecuado: música suave como fondo (Ej., la música ambiental con el sonido de cascada, lluvia o canto de los pájaros), incienso o luces atenuadas.

La postura es de especial importancia en la meditación. Una de las posiciones fáciles consiste en sentarse con las piernas cruzadas, con ambos pies tocando el piso. La espalda derecha pero no tensa; los músculos abdominales relajados. Cuando los músculos dorsales inferiores soportan el peso del cuerpo, cabeza, cuello y tronco, el centro de gravedad pasa de la base de la columna hacia la mollera. Las manos pueden estar en posición relajada sobre las rodillas o los muslos, ya sea una sobre la otra o ligeramente apretadas.

Otra parte importante de la meditación es la manera como respiramos. Una correcta respiración ayuda mucho a concentrarse mentalmente y evitar distraerse. Para alcanzarla, adopte la posición elegida y relaje todo el cuerpo.

Con los ojos cerrados, relájese y concéntrese en el ritmo de la respiración: quizá en un principio éste será más superficial y lento. Poco a poco disminuya la ingesta del aire, contemplando el estómago que sube y baja. Lleve la cuenta de inhalaciones y exhalaciones, diciendo mentalmente "inhala" y "exhala". Procure no apresurar el ritmo, el cual debe ser natural. Gradualmente podrá concentrarse por completo en el proceso de la respiración, lo cual lo ayudará a apartar la atención de otros pensamientos.

¿Qué método debo utilizar?

Existe una variedad de técnicas y métodos de meditación. Mientras que unas se transmiten de generación en generación a lo largo de milenios —lo que ayuda a conservar su forma original—, otras han sido adaptadas a las necesidades actuales. Escoger el método adecuado puede dejarlo perplejo; lo que se debe recordar es que ni las técnicas ni los métodos son un fin en sí mismo, sino nada más un medio con el cual empieza la meditación.

Mantras

El mantra —una continua repetición de una palabra o frase— es quizá la manera de meditar más practicada y extendida, así como una de las más antiguas. El mantra se puede susurrar o repetir en silencio. Independiente del método, la concentración en el mantra puede llevar a sesiones profundas.

La mayoría de las religiones mundiales tienen sus propias versiones de mantras; así, los adeptos del hinduismo repiten "Hare Krishna", lo que quiere decir "saludos Krishna". Las personas que usan mantras en meditaciones rehuyendo a la religión pueden usar cualquier palabra o frase, incluso las que no tienen ningún significado.

Muchas personas quieren empezar a practicar la meditación solamente para relajarse. Sin embargo, a medida que avance su dominio de la meditación, sus objetivos irán cambiando, volviéndose más trascendentales; los atraerá más el lado místico de la meditación: la búsqueda por comprender la naturaleza de la realidad. Cuanto más profunda sea la búsqueda, más tranquilos, felices y satisfechos estaremos.

Técnica metamórfica

Se entiende por técnica metamórfica el masaje y la manipulación de los pies, las manos y la mollera que, según se cree, expide la curativa energía interna. Se sostiene que esta técnica ayuda a los que tienen problemas emocionales y psicológicos, así como a las personas que padecen trastornos de salud crónicos. Los médicos adeptos a dicha terapia afirman que actúan sólo como agentes de cambios curativos que ellos mismos liberan del cuerpo del paciente con la finalidad de ayudarlo a curarse a sí mismo. Se puede aprender los ejercicios de esta técnica, para que los miembros de una familia puedan aplicarlos el uno al otro. La técnica metamórfica es una forma delicada de terapia mediante el masaje corporal-mental que puede ser adecuada en casos de fobia.

Naturopatía

En la naturopatía se combinan muy diversos métodos de curación natural. El médico que escoge la naturopatía como su especialidad puede especializarse en cualquier área. Aunque este sistema médico puede emplearse en la curación de los síntomas de una enfermedad, en esencia es algo más que una simple curación: es un estilo de vida y medio para la prevención de las enfermedades, especialmente relacionadas con el estrés y la ansiedad. Una vida sana y naturopática es de utilidad para cualquiera, pero en particular, para los pacientes fóbicos.

He aquí los principios terapéuticos de la naturopatía:

1. Nutrición y dieta balanceadas, incluyendo el uso de suplementos vitamínicos y minerales.
2. Desintoxicación: periodos cortos de ayuno o de dieta controlada, combinados con el uso de suplementos para ayudar a los procesos naturales mediante los cuales el cuerpo se deshace de las sustancias tóxicas.

3. Diferentes maneras de controlar y disminuir el estrés y la ansiedad; incluyen el reconocimiento y —si es posible— eliminación de la causa, técnicas de relajamiento, cambios en la dieta y uso de suplementos, particularmente, para proteger la glándula adrenal.

4. Hidroterapia; es decir, el uso del agua con fines curativos.

5. Medicina herbolaria.

6. Homeopatía.

7. Diferentes terapias físicas, tales como el masaje, la quiropráctica y osteopatía.

8. Ayuda psicológica y modificaciones en el estilo de vida, que pueden ser especialmente útiles tanto en caso de problemas psicológicos, emocionales o de conducta, como con las enfermedades físicas. El tratamiento puede incluir hipnoterapia, técnicas de relajamiento, terapia de visualización (imágenes), cromoterapia, danzaterapia y terapia de música, así como otros métodos naturopáticos.

9. El uso de acupuntura y de terapias orientales tales como *shiatsu*, yoga o *t'ai chi ch'uan*.

10. Ejercicio: los médicos naturópatas reconocen la importancia del ejercicio para una buena salud, incluyendo el bienestar psicológico y emocional, y también para el tratamiento de enfermedades. Por

esta razón, el ejercicio forma parte de la mayoría de los programas terapéuticos.

En la naturopatía, se hace hincapié en la persona como un todo y no sólo como una condición particular o serie de síntomas que pudieran estar afectando al paciente. Por lo tanto, la consulta con un médico especializado en naturopatía le ofrece al paciente la posibilidad de platicar sobre todos los aspectos de su vida con alguien que está interesado en proporcionarle ayuda.

Si bien cada naturópata tiene sus propias estrategias para combatir los problemas de la salud, en la mayoría de los casos, incluyendo el de la fobia, al paciente se le sugieren las modificaciones en el estilo de vida y la dieta, junto con algunos métodos terapéuticos arriba mencionados.

Psicosíntesis

La psicosíntesis es un proceso de crecimiento y desarrollo personales para llegar, en cierto sentido, a una nueva y mejorada identidad. Se cree que es útil para los pacientes que padecen diferentes trastornos relacionados con la ansiedad y el estrés, incluyendo las fobias. Por lo general, se lleva a cabo en seis sesiones terapéuticas bajo la orientación del terapeuta. Durante las sesiones, se emplean varias técnicas, **entre ellas la de autoanálisis, imaginación y visualización, así como la meditación.**

Reflexología

La reflexología es una técnica de diagnóstico y tratamiento, en la cual se emplea el masaje de ciertas áreas del cuerpo, sobre todo en los pies, con el fin de calmar el dolor u otros síntomas en los órganos internos. Se piensa que esta técnica surgió hace aproximadamente cinco mil años en China, aunque los antiguos egipcios también hacían uso de ella.

Fue el Dr. William Fitzgerald, psiquiatra estadounidense, quien la introdujo en la medicina occidental. Fitzgerald dividió la superficie del cuerpo humano en diez zonas o canales de energía (por eso la reflexología también se conoce como "terapia zonal") que terminan en los pies y las manos; las zonas son como conductos por los cuales fluye la energía vital o la fuerza energética.

Más tarde, los reflexólogos se concentraron principalmente en los pies, aunque el funcionamiento de los reflejos en todo el cuerpo también es importante. La reflexología no sólo es adecuada para la curación de los trastornos de carácter físico, sino también psicológico y emocional. Puede ser de utilidad para algunos fóbicos; muchas personas en general encuentran masajes reflexológicos relajantes y tranquilizadores.

Técnicas respiratorias

Las técnicas respiratorias casi siempre consisten en diferentes ejercicios para el relajamiento de los músculos o para el restablecimiento de una respiración correcta; ambos se ven afectados en las personas que sufren de ansiedad o temor, por ejemplo, en los fóbicos. Generalmente, los ejercicios implican estar consciente de que el diafragma debe participar en la respiración, ya que en la mayoría de los casos los adultos utilizan el pecho y la caja torácica para inhalar y exhalar.

En la respiración con el pecho, el proceso es rápido y superficial, por lo que los pulmones no expulsan todo el aire, razón por la cual este método es de utilidad en casos de estrés físico o psicológico. Sin embargo, su uso prolongado puede en sí mismo convertirse en la causa del estrés; corren mayor riesgo las personas fóbicas, muchas de las cuales tienden a hiperventilarse o respirar mal debido al miedo extremo.

Para restablecer una respiración correcta, hay que aprender a sentir la presencia y operación del diafragma, una membrana muscular y tendinosa que separa las cavidades torácica y abdominal. Durante la exhalación, el diafragma asume la posición convexa y saca el aire de los pulmones al moverse hacia la cavidad torácica.

Podemos darnos cuenta de su funcionamiento mediante inhalaciones y exhalaciones más profundas de lo normal, procurando expulsar el aire del espacio en los pulmones que no alcanza a vaciarse. Durante la respiración, el diafragma se aplana, lo cual reduce la presión en la cavidad torácica, jalando el aire de tal manera que los pulmones se llenan por completo.

Esta técnica garantiza la cantidad suficiente del oxígeno en la sangre y tejidos, así como una eliminación eficaz del dióxido del carbono. La respiración correcta, con el uso del diafragma, ayuda a reducir la presión sanguínea y directamente alivia la ansiedad, tensión y estrés. Otros ejercicios respiratorios pueden tomar diversas formas y a menudo se concentran en la respiración lenta, pausada y controlada, quizá al tiempo que se lleva un conteo mental, con la finalidad de contrarrestar la tendencia a hiperventilación en situaciones de ansiedad o pánico.

Terapia rogeriana

Es una forma de la psicoterapia humanística, basada en los trabajos del psicólogo estadounidense Carl Rogers (1902-1987), en la cual se pone mayor énfasis en las ideas y opiniones del paciente, llamado aquí "cliente", mientras que el terapeuta funge como un "eco" pero que no sólo repite lo que el cliente dice, sino también hace sugerencias útiles. La meta, en último término, es construir la confianza personal y la capacidad para hacerse cargo de su propio desarrollo; asimismo, se toman en cuenta todos los problemas de la vida, incluyendo las fobias.

Terapia de visualización

Hoy en día, es bien sabido que la mente ejerce una importante influencia en la salud corporal. La gente más alegre, con una visión más optimista goza de mejor salud que los pesimistas lúgubres. En caso de ciertas enfermedades graves, como el cáncer, a menudo les va mejor a las personas con una actitud positivista ("¡Voy a combatirlo!"), que a las personas pasivas o fatalistas. Así, en estos casos tanto la longitud como la calidad de vida están bajo la influencia del estado emocional. Por lo tanto, se reconoce que las imágenes que construimos en la mente, al igual que los pensamientos, pueden influir en la salud física, afectándola o mejorándola. Los seguidores de esta terapia opinan que puede ser sumamente útil emplearla en casos de estrés y problemas psicológicos y emocionales, incluyendo las fobias.

La terapia funciona de la siguiente manera: primero se enseña al paciente la técnica de creación de una imagen mental. Por ejemplo, al paciente que padece de algún trastorno emocional o psicológico, como la fobia, se le pide crear en la mente una imagen relacionada con el problema. Acto continuo, los sentimientos que crea esta imagen se exploran con el terapeuta; se hacen cambios a la imagen con el fin de resolver el problema con el tiempo.

Esta terapia suele emplearse junto con otras técnicas como parte de un programa de tratamiento. Es especialmente adecuada para los niños, quienes por su naturaleza son imaginativos y crean imágenes mentales con facilidad.

Yoga

El yoga es una filosofía de la India, así como una forma de vida basada en la meditación, una vida sencilla y serena, además de una serie de ejercicios que sirven para mejorar la salud espiritual, mental y física, fomentar el sentido de armonía y bienestar. El yoga tiene variados aspectos y formas, pero por lo general en el Occidente se practica una que se conoce como "hatha": series de ejercicios, junto con relajamiento y una meditación sencilla, de gran utilidad para mucha gente.

Realizar yoga es especialmente adecuado para los que padecen de ansiedad y afecciones de estrés, tales como la fobia, ya que por medio de los ejercicios el paciente alcanza un estado de tranquilidad mental y física.

Puede emplearse como una técnica de autoayuda: usted puede ir a una clase de yoga, o bien hacer los ejercicios en casa, utilizando como guía algún libro sobre el tema. Los ejercicios que se practican en yoga pueden ser de utilidad para las personas fóbicas, que están o no bajo tratamiento, porque este método de relajamiento les ayuda a mejorar su condición a su propio paso y en la comodidad de su hogar.

Capítulo 25

Psicoterapia

Introducción

Antes que nada, una advertencia para aquellos que contemplan acudir a psicoterapia. Los psiquiatras son médicos calificados, quienes por lo general trabajan para un hospital y son recomendados por el médico de cabecera. Por esta razón, el paciente tiene confianza en su capacitación, incluso si no se lleva bien con la persona como tal. Sin embargo, no todos los psicoterapeutas son así.

Muchos de ellos están capacitados para el trabajo (por ejemplo, son licenciados en psicología) o incluso son médicos, aunque nada impide que cualquier persona ejerza esta profesión. Algunos podrán decir que son las habilidades terapéuticas, no el título, lo que cuenta, pero nunca está de más investigar antes de comenzar el tratamiento.

Como regla general, los médicos de cabecera lo pueden remitir con un psicoterapeuta; si no es así, intente conseguir una recomendación de alguien que haya sido tratado por un especialista y haya quedado satisfecho con la terapia.

Se ha hecho un intento por recopilar un registro de terapeutas; es probable que en la biblioteca local le puedan proporcionar los detalles.[17] Es absolutamente indispensable que tenga confianza en la persona que va a tratar sus problemas psicológicos.

Psicoterapeutas y psiquiatras buenos comparten, hasta cierto grado, las capacidades profesionales. Para empezar, tienen que saber escuchar y hacer que los pacientes hablen sobre sí mismos sin condenarlos ni escandalizarse. Además, necesitan habilidades de poder interpretar lo que dicen los clientes.

A menudo, los problemas radican en que los clientes de un psicoterapeuta no son muy distintos a los de un psicólogo; a veces la diferencia es mínima. Por ejemplo, dos personas diferentes sienten que algo anda mal en sus vidas y lo atribuyen a una relación problemática con alguno de sus padres, a veces incluso culpándolos de abuso físico o sexual. Sin embargo, el grado de afección del paciente, así como la decisión que tome es lo que hace la diferencia.

Por ejemplo, alguien se obsesiona con algún problema que puede surgir a raíz de un suceso como la muerte de uno de los padres, o bien el nacimiento de un hijo. La mente deja de funcionar normalmente, hecho que se conoce como enfermedad mental. En este caso, es necesario buscar ayuda médica; es ahí cuando el médico de cabecera puede remitir a su paciente con un psiquiatra. En cambio, la otra persona

---

[17] En México, puede acudir a la **Asociación Mexicana de Psiquiatría**. (N. del T.)

que tiene un problema casi similar, pero cuya salud mental no se ve afectada hasta el mismo grado, está consciente de que lo que le sucede puede afectar su vida. Tal vez, está afectada su capacidad de entablar una relación duradera. Dichas personas caen en la cuenta de que necesitan ayuda y lo primero que se les ocurre es la psicoterapia.

Tanto el psicoanálisis como la psicoterapia actuales se remontan a las ideas del psiquiatra austriaco Sigmund Freud, el inventor del método de psicoanálisis. De acuerdo con estas ideas, ambas disciplinas buscan explorar el subconsciente del paciente bajo terapia o en análisis para así liberar cualesquiera temores ocultos y desbloquear las emociones reprimidas. En consecuencia, los pacientes aprenden mucho sobre sí mismos.

La diferencia esencial entre el psicoanálisis y la psicoterapia radica en que, como su nombre lo indica, la finalidad de la última es curar a la persona. Los temores y emociones ocultas revelados en el transcurso del análisis, no son un fin en sí mismos, sino un medio a través del cual puede comenzar el proceso de curación. Al desbloquear el sub-consciente, el terapeuta intenta ayudar al paciente comprenderse mejor a sí mismo lo cual, a la vez, sirve para sobrellevar la vida de una manera más eficaz.

La función del psicoterapeuta es escuchar e interpretar lo que narra el paciente. Algunos creen que incluso platicar con un extraño puede tener un efecto terapéutico, pues los amigos y familiares saben mucho acerca del problema, no lo pueden ver de manera objetiva, son sentenciosos, desaprueban su conducta y a menudo simplemente no tienen tiempo para escuchar. El psicoterapeuta, en cambio, es alguien objetivo e imparcial, cuyas opiniones y pareceres no importan y quien tiene tiempo para escuchar.

Hay que considerar otro punto muy importante de la psicoterapia: las pláticas pueden durar mucho tiempo, en ocasiones por meses, así que no hay prisa. Se dispone de mucho tiempo para analizar las experiencias y relaciones pasadas. El paciente siente que por fin encontró a alguien quien lo puede escuchar y ayudar.

A diferencia de la meta principal de análisis y terapia, el enfoque utilizado sí varía de un terapeuta al otro. Algunos métodos —los que se acercan más a las técnicas freudianas— alientan a los clientes a que digan lo que se les ocurra utilizando la libre asociación para desbloquear el inconsciente. Otros terapeutas prefieren inducir al paciente con delicadas preguntas que lo inviten a expresarse, sobre todo en el principio de cada sesión.

Algunos utilizan un enfoque más formal y tradicional que otros: piden al cliente que se recueste en un sofá de manera que no pueda ver al terapeuta. Se minimizan los factores externos de distracción para que el cliente pueda concentrarse lo más que pueda en sus pensamientos. Otros terapeutas consideran que este método es demasiado estricto y prefieren platicar con los clientes de una manera más libre, aunque el terapeuta nunca es indiscreto.

Muchos opinan que la psicoterapia es útil y gratificante, puesto que por lo menos pueden platicar acerca de las cosas que nunca se atrevían a mencionar, por lo que pueden aprender a enfrentarlas. Asimismo, pueden aceptar su pasado y llegar a comprender cómo éste, con sus reprimidos temores y emociones, afectó su presente y cómo les impide que vivan al máximo. Pueden llegar a aceptar a sí mismos tal como son, lo cual les permite avanzar para el futuro de una manera mucho más relajada y llena de confianza.

Programa de autoayuda para los fóbicos

Recientemente, algunos psicoterapeutas se han interesado por plantear un programa de autoayuda que permita a los fóbicos vencer su miedo sin la ayuda de otros. Un programa semejante puede ayudar a los que están determinados a triunfar y a quienes les llama la atención la idea de resolver sus problemas por su propia cuenta y en su tiempo.

El programa se basa en los métodos conductual-cognitivos de curación de la fobia, pero puede modificarse para el empleo en el hogar. Tiene dos aspectos: el primero está relacionado con el lado cognitivo de la fobia, el segundo se basa en la exposición y el vencimiento del temor. Antes de la exposición, se resuelven algunos aspectos cognitivos. Por ejemplo, el paciente empieza por escribir con detalle la naturaleza exacta de su fobia; después, elabora una jerarquía de miedo que va de las situaciones más a las menos temidas; además, se apuntan todas las sensaciones que se experimentan durante episodios fóbicos. Al paciente se le pide evaluar el temor sobre una escala de cien.

También se apuntan los deseos del paciente en cuanto a la fobia; todo el tiempo trae consigo esta hoja y la pega en algún lugar donde la pueda ver. Para poder hacer todo lo anterior, el paciente apunta y memoriza cinco factores relacionados con su fobia:

1. El miedo es aterrador pero no constituye amenaza física.
2. Se puede vencer el miedo al enfrentarlo.
3. Se debe buscar una situación que provoca miedo; no se debe evadirla a causa de éste.
4. Cuanto más se enfrenta uno a su temor, mayor es su confianza en su capacidad de vencerlo.
5. Por ende, cuanto más enfrenta uno el miedo, más rápido éste se disminuirá y desaparecerá.

Para que el paciente pueda empezar a enfrentarse por su propia cuenta a la situación fóbica y a dejar de tener miedo, se le recomienda que consulte una lista de tácticas, que podría incluir, por ejemplo, estrategias físicas (como hacer sencillos ejercicios respiratorios o concentrarse en el relajamiento de músculos tensos) o mentales, tales como la repetición de frases como: "Se siente horrible pero sé que nada me va a pasar y si me quedo, me sentiré muchísimo mejor".

Por lo general, al paciente se le pide escoger con antelación tres tácticas más útiles para él con el fin de practicarlas en casa. Es ahí cuando está listo para exponerse al miedo; lo mejor sería si la situación de exposición se diera todos los días. Después de cada vez, el paciente debe apuntar sus experiencias y evaluar su ansiedad sobre una escala de cien. Si lo hace todos los días y luego habla sobre el progreso con un amigo o familiar de confianza, con el tiempo el fóbico se da cuenta de que está mejorando, de que el nivel de la confianza en sí mismo crece, lo cual favorece el proceso de curación.

Debemos recalcar que este programa, aunque no funciona para todos, para algunos será de utilidad.

Capítulo 26

Historias clínicas

Fobia al atragantamiento

Un joven de dieciséis años desarrolló esta fobia tras sufrir un episodio de atragantamiento con pescado. A los catorce años, perdió a un amigo íntimo que se había ahogado por atragantamiento con un trozo de comida, episodio que al parecer adelantó el comienzo de su fobia.

No había buscado ayuda hasta que cumplió treinta años; para aquel entonces, el problema se había vuelto tan grave que sólo comía ciertos tipos de alimento y como consecuencia, había bajado de peso. Se le aplicó el tipo de terapia por medio de exposición gradual; durante la terapia, en su dieta se introdujeron de nuevo los tipos de alimento que había dejado de comer. El tratamiento fue exitoso, pues el paciente pudo alimentarse de manera normal.

Fobia a los aviones

Una mujer joven de unos veinticinco años, que exitosamente trabajaba para una compañía transnacional, por cuestiones de trabajo tenía que viajar mucho al extranjero. Por desgracia, padecía de fobia a los aviones y, en vista de que su afección amenazaba su carrera, decidió acudir a tratamiento. Afirma que, hasta donde recuerda, siempre había tenido miedo a volar pero la fobia misma se desarrolló tras un vuelo muy turbulento en la infancia: durante el vuelo, el avión en el que viajaba con su familia se desvió a otro aeropuerto debido a las condiciones climáticas.

Se le trató con la exposición gradual, mediante muestra de videomateriales y viajes al aeropuerto; al final del tratamiento, tuvo que hacer un vuelo nacional. Después de la terapia, pudo realizar viajes largos y con el tiempo logró vencer su afección.

Fobia al agua

Una mujer de edad mediana sufría de un antiguo miedo a tomar un baño de tina, aunque sin problemas podía bañarse en la regadera. El punto central del miedo fue sentarse en la orilla de la tina pues la paciente temía resbalarse, no encontrar la manera de levantarse y salir y, por último, morir ahogada. El tratamiento consistió en una exposición gradual a las tinas con un nivel de agua que iba aumentando paulatinamente; asimismo, se pusieron en tela de juicio las falacias que tenía acerca de las tinas.

Fobia a las tormentas

Una mujer de edad avanzada (alrededor de setenta y cinco años) desde la infancia padecía de la fobia a las tormentas. El miedo se desarrolló a consecuencia de haber estado en una casa cuando a ésta se le cayó un rayo y, en consecuencia, la casa se prendió en llamas. Se le trató mediante una exposición gradual, empleando audio y video materiales que representaban tormentas; gracias a eso, por fin pudo vencer su fobia.

Fobia a las muñecas

Un niño de once años de edad tenía fobia relacionada con las muñecas, desarrollada desde la infancia. En el transcurso de la terapia, se le aplicó el tratamiento por medio de exposición gradual a las muñecas y figuras infantiles. Al final del tratamiento, las muñecas utilizadas eran realmente espantosas.

Como resultado, el niño pudo llevar la figura a su casa, jugar con ella y, en general, dejó de evitar tener contacto con muñecas en su vida.

Fobia a los globos

La fobia a los globos casi siempre está relacionada con súbitos y fuertes sonidos que hacen los globos al reventarse.

Es bastante común que los niños teman reventarlos; entre los estímulos fóbicos también están otros sonidos parecidos como el ruido de fuegos artificiales, armas de fuego o tormentas.

Un joven de veintitrés años de edad había padecido de la fobia a los globos desde los primeros años de la infancia, cuando un globo se le reventó en la cara en una fiesta infantil.

Se le trató por medio de la terapia de inundación (exposición); después de tres sesiones intensivas, pudo disfrutar los eventos sociales, así como las fiestas, donde había globos.

Capítulo 27

Conclusión

Las fobias son un trastorno fascinante, complejo y común. Al parecer, su estudio no sólo ha dado respuestas a los problemas, sino también ha planteado nuevas interrogantes. La mayoría de las personas puede comprender lo que sienten los fóbicos, porque muchos hemos admitido tener un temor, miedo o aversión a algo, aunque éstos no llegan al grado de fobias.

Sin embargo, a pesar de que las experiencias fóbicas son algo común, los fóbicos mismos se desviven por ocultar su afección y sienten que es algo vergonzoso. Es evidente que muchos fóbicos realmente sufren por años, pero no acuden al médico por la vergüenza que les provoca admitirlo. Si usted se encuentra en esta posición, la intención de este libro consiste, afortunadamente, en mostrar que existen muchos métodos para aliviar las fobias, desde las medidas de autoayuda y las terapias alternativas hasta programas de tratamiento psicoterapéutico.

En el siglo veinte uno, ya no hay razones para que las víctimas de fobia soporten los sufrimientos en soledad. Esperamos que al comprender más las fobias, un número cada vez mayor de fóbicos pueda acudir con confianza al tratamiento en la primera etapa de la afección, y no en el momento cuando la fobia haya afectado, en gran medida, su vida.

TÍTULOS DE ESTA COLECCIÓN

100 Hechizos de Amor
Adivinación con Dados. *Sara Zed*
Adivinación con Dominó. *Sara Zed*
Anorexia y Bulimia
Cábala al Alcance de Todos
Cómo Leer el Aura
Cómo Leer las Runas
Contador de Calorías
Diccionario de los Sueños
El Arte de la Guerra. *Sun-Tzu*
El Evangelio según el Espiritismo. *Allan Kardec*
El Libro de los Espíritus. *Allan Kardec*
El Libro de los Mediums. *Allan Kardec*
El Mensaje Oculto de los Sueños
Enseñanzas de la Madre Teresa
Esoterismo Gitano
Fe en la Oración. Ilustrado
Fobias
Hechizos y Conjuros
Kama Sutra. Ilustrado. *M. Vatsyáyána*
Las Profecías de Nostradamus
Los Planetas y el Amor
Los Secretos de la Bruja 1. Manual de Hechicería
Los Secretos de la Bruja 2. Manual de Hechicería
Los Sueños. *Morfeo*
Magia con Ángeles
Magia con Velas
Manual contra la Envidia. *Pura Santibañez*
Numerología
Reencarnación y Karma
Remedios Caseros
Salmos Curativos
Ser Chamán. *Ledo Miranda Lules*
Simbolismo Oculto de los Sueños
Sueños Eróticos. *Solomon L. Gold*
Toco Madera. *Diego Mileno*

Impreso en los talleres de
Trabajos Manuales Escolares,
Oriente 142 No. 216
Col. Moctezuma 2a. Secc.
Tels. 5 784.18.11 y 5 784.11.44
México, D.F.